TERAPIA
FEITA SOB MEDIDA

Um Seminário
Ericksoniano com
Jeffrey K. Zeig, Ph.D.

Teresa Robles

TERAPIA
FEITA SOB MEDIDA

Um Seminário Ericksoniano com Jeffrey K. Zeig, Ph.D.

Teresa Robles

Tradução de
Adriana Mancini Machado
Eliete do Carmo Alves Pinto

3ª edição

EDITORA DIAMANTE

INSTITUTO MILTON H. ERICKSON DE BELO HORIZONTE
Rua Conde Linhares, 980 - Cep.: 30380-030 - Belo Horizonte - MG
Telefones: (31) 3296-5299 / (31) 3344-8447
E-mail: instituto@EricksonBH.com.br

TRADUÇÃO Adriana Mancini Machado
Eliete do Carmo Alves Pinto
REVISÃO Angela Cota
Gustavo Mendonça
CAPA Carmela Silluzio Cotta
Equipe da Editora Diamante
PROJETO GRÁFICO José Sena dos Santos Júnior
EDIÇÃO EM ESPANHOL *Terapia cortada a la medida* - ISBN 968-6513-01-9
Alom Editores, S.A. de C.V. México
D.F., México, 1991
editorial@hipnosis.com.mx
Tels.: (00 52 55) 8500-6161, 5593-5875

Ficha catalográfica elaborada pela Bibliotecária Ana Cristina de Vasconcelos - CRB 6/505

Robles, Teresa

R666t.Pm

Terapia feita sob medida: um seminário ericksoniano com Jeffrey K. Zeig./ Teresa Robles ; tradução de Adriana Mancini Machado, Eliete do Carmo Alves Pinto. - 3. ed. - Belo Horizonte : Diamante, 2013.

259 p. : il.

Tradução de : Terapia cortada a la medida.

ISBN: 85-89351-04-1

1. Zeig, Jeffrey K., 1947- . 2. Psicoteraoia ericksoniana. 3. Hipnose ericksoniana. 4. Psicoterapia estratégica. 5. Psicologia breve. I. Machado, Adriana Mancini. II. Pinto, Eliete do Carmo Alves. III. Título.

CDD : 616.8914

PREFÁCIO DA EDIÇÃO BRASILEIRA

Era uma vez um sonho...

Desde que começamos o estudo da Abordagem Ericksoniana, encantou-nos o trabalho do Dr. Milton H. Erickson, M. D., que buscava a saúde do cliente em meio a um amontoado de queixas e problemas. Ele estava descomplicando tudo e encontrando o positivo nas coisas da vida. Ensinava as pessoas a tirarem proveito do lado bom dos acontecimentos, porque a vida pode ser feita de escolhas e, portanto, podemos todos ser os donos do nosso destino e viver o lado bom da vida, lidando bem com o que vier de mais difícil. Já estávamos descobrindo que tudo não é totalmente bom ou ruim e sempre se pode aprender algo de positivo.

Era preciso sonhar junto...

Em abril de 1993, o Dr. Jeffrey K. Zeig, Ph.D., veio ao Brasil para ministrar um workshop. A possibilidade de conhecer alguém que havia convivido com o Dr. Milton H. Erickson, M.D., nos entusiasmava mais: havíamos encontrado um modelo de trabalho com o qual nos identificávamos e que em alguns aspectos era parecido com o que fazíamos. Tínhamos plena consciência de que não havíamos conseguido entender todas as nuances do que ele buscava ensinar. Vieram muitas informações, muita vivência e saímos dali muito satisfeitos, com uma grande vontade de rever tudo do workshop em busca de um verdadeiro aprendizado.

Outros que sonham parecido...

O Dr. Jeffrey K. Zeig, Ph.D., havia ido ao México. Lá ele havia ministrado um workshop sobre o trabalho do Dr. Erickson muito parecido com o que fizera no Brasil. A Dra. Teresa Robles teve a feliz idéia de transcrever esse workshop. A leitura desse trabalho e a possibilidade de consultá-lo foi consolidando nossa aprendizagem. Um singelo workshop, uma delicada transcrição estavam se tornando um clássico da literatura sobre o que criara o Dr. Erickson.

A realização do sonho...

Está aí, traduzido para o português, o trabalho da Dra. Teresa Robles. Eis o workshop que o Dr. Jeffrey K. Zeig, Ph.D., ministrou no México, como também o conteúdo do workshop que nós assistimos no Brasil, em abril de 1993. Leia, consulte, mude sua maneira de trabalhar, faça diferente para cada cliente, seja mais efetivo em seu trabalho.

Venha sonhar conosco...

ANGELA COTA
Psicóloga clínica

J. AUGUSTO MENDONÇA
Psicólogo clínico

ÍNDICE

INTRODUÇÃO

Conheci Jeffrey K. Zeig durante o IV Congresso Ericksoniano realizado na cidade de São Francisco em dezembro de 1988. Jorge Abia e eu havíamos editado o vídeo de minha operação de vesícula sem anestesia. Levei este vídeo a São Francisco como presente ao Dr. Joseph Barber, especialista em controle da dor, e ele fez com que fosse mostrado a um pequeno grupo de fora do programa. Paralelamente, nós, latino-americanos que assistíamos ao Congresso, reunimo-nos para sair e trocar idéias. Neste grupo estava Mirta Ghiorzy Volek, Argentina radicada em Phoenix, que naquela época era terapeuta da Clínica da Fundação. Ela apresentou o Dr. Jeffrey K. Zeig, Presidente da Fundação Milton H. Erickson, e Michael Liebmann, diretor da Clínica a Marta Fernández, a Rosemary Eustace e a mim que éramos do México. Conversamos sobre minha operação de vesícula e sobre as dificuldades que os terapeutas americanos tinham para trabalhar com as famílias mexicanas radicadas no Arizona, porque, muitas vezes, era difícil entender seus valores, costumes e, inclusive, suas relações com o sistema de saúde oficial. Ao terminar o Congresso, convidaram-nos, Marta, Jorge e eu, para visitar a Clínica em Phoenix e participar de vários seminários sobre psicoterapia transcultural, juntamente com Mirta e Guillermo Argueta Bernal, salvadorenho que dirige o Programa de Psiquiatria Externa e a Clínica de Medicina Comportamental do Medical College of Ohio, um grande amigo desde então. Isto aconteceu em maio do ano seguinte. Assistimos aos seminários, tivemos a oportunidade de revisar os arquivos de vídeos da Fundação, de ver os terapeutas da Clínica trabalhar e trocar idéias e experiências com eles e com Jeff. Durante essa visita a Phoenix, decidimos abrir um Instituto Ericksoniano na Cidade do México. Seguiram-se os trâmites para a aprovação formal, várias visitas minhas e de Jorge a Phoenix, numerosos contatos com Jeff, através de cartas e durante suas viagens a Guadalajara para apresentar seminários, e um intenso trabalho de organização para formalizar o que já vínhamos fazendo. Este Seminário constitui a primeira visita formal de Jeffrey K. Zeig a nosso instituto. Sua autorização para transcrevê-lo e publicá-lo é uma mostra, entre muitas outras, de seu apoio, sua confiança e calor humano. Para mim, é uma honra ter realizado este trabalho.

Ao fazê-lo, respeitei a seqüência do seminário. Foi feito em capítulos, tentando dar ao leitor um direcionamento, mesmo que o estilo de exposição consista em ir introduzindo temas que se ampliam mais adiante. Os leitores descobrirão como o Dr. Zeig veio avançando em forma de espiral, completando e enriquecendo mais e mais os temas já anteriormente iniciados. Esforcei-me o máximo para redigir este trabalho num espanhol fluente e natural como seu inglês[1]. Infelizmente, não é possível modelar no papel as inflexões e o tom de voz, assim como aquilo que é transmitido através do movimento e da postura de seu corpo porque, como ele disse de Erickson, ao ensinar se está, ao mesmo tempo, hipnotizando e fazendo terapia, embrulhando para presente as idéias que transmite. Nós que assistimos ao seminário podemos dar o testemunho de que recebemos uma comunicação que nos fez sentir diferentes.

Ainda que seu estilo seja diferente do de Milton H. Erickson, sendo mais interno, enquanto que seu mestre era muito mais externo, Jeffrey K. Zeig incorporou as posições de Erickson (ver Capítulo 4). Jeff demonstra em sua vida cotidiana que a terapia começa em casa, mas na casa do terapeuta, não só embrulhando para presente as idéias que nos transmite, mas também fazendo suas interações sociais sob medida para as outras pessoas. Com

[1] O Seminário foi ministrado em inglês e o livro originalmente escrito em espanhol.

referência a este último aspecto, gostaria de contar uma história. A segunda vez que Jorge e eu visitamos Phoenix, em novembro de 1989, chegamos ao estacionamento da Fundação quando Jeff estava saindo de seu carro com uma bolsa e uma pasta na mão. Ao vê-lo, corri com os braços abertos e gritando com muita alegria: "Oi, Jeff, chegamos!" Abracei-o e beijei-o na bochecha antes que ele pudesse reagir. Jorge me repreendeu, dizendo-me que meu estilo latino, ou muito íntimo, não estava correto para com o Presidente da Fundação, que era um homem sério, sóbrio, calado. Quando fui buscá-lo no aeroporto, sete meses depois, logo quando me viu, aproximou-se de mim com os braços abertos, dizendo num tom de voz bastante alto: "Oi, Teresa, cheguei. Façam comigo o que quiserem!"

No Capítulo 4, Jeff nos fala da posição humanista de Erickson e de como cobrava muito pouco por seus ensinamentos. Quando terminou o seminário e lhe paguei seus honorários, ele me perguntou se as inscrições tinham sido suficientes para cobrir todos os gastos. Respondi-lhe que não e ele me devolveu a quantidade que nos faltava para que o Instituto não tivesse prejuízo. Esta história é somente uma mostra dos vários momentos em que recebemos seu apoio de diferentes formas.

Eu tinha planejado fazer uma entrevista sobre sua vida pessoal para apresentá-la nesta introdução. Soube que vinha passar férias em Puerto Vallarta com sua filha e, num primeiro momento, me ocorreu que era a hora de pegar o avião e ir entrevistá-lo. Entretanto, lembrei-me de sua chegada no aeroporto da Cidade do México, no meu estilo, e decidi devolver a cortesia. No lugar de pegar o avião, de acordo com o que me ditaria meu estilo intrusivo, telefonei para ele para lhe dizer que gostaria de uma entrevista para a introdução e ele me respondeu que eu poderia usar a que Michael Yapko, editor da Newsletter da Fundação, havia feito para este periódico. E assim foi. Agradeço ao Dr. Yapko por nos ter permitido reproduzi-la neste livro.

Uma entrevista com Dr. Jeffrey K. Zeig

Jeffrey K. Zeig é um psicólogo clínico de prática privada. Coordena seminários sobre técnicas ericksonianas em quatro continentes. Editou *Seminários didáticos com Milton H. Erickson* (Zeig, 1995), onde também escreveu alguns capítulos e comentários. Editou, também, *Ericksonian approaches to hypnosis and psychotherapy* (Zeig, 1982) (Abordagem ericksoniana de hipnose e psicoterapia) e *Ericksonian psychotherapy* (Zeig, 1985) (Psicoterapia ericksoniana - dois volumes). É autor de *Vivenciando Erickson* (Zeig, 1994). Além disso, Dr. Zeig organizou quatro Congressos Internacionais sobre a abordagem ericksoniana e duas conferências *A Evolução da Psicoterapia*, uma em 1985 e outra em 1990[2].

Michael Yapko – Gostaria de começar esta entrevista pedindo-lhe alguma informação biográfica, anterior ao dia em que conheceu Erickson. Depois seguiremos deste momento, como um ponto de transição, até chegarmos a alguma coisa que tenha realizado até agora.

Jeffrey K. Zeig – Cresci na cidade de Nova York, no Bronx. Minha família se mudou depois para Hicksville, Nova York, um subúrbio do condado de Nassau. Então, fui para a Universidade do Estado do Michigan. Depois trabalhei um ano no hospital psiquiátrico em Lansing. Em 1970, mudei-me para Palo Alto, Califórnia, onde trabalhei com organização política no Instituto para o Estudo da Não Violência, organizado por Joan Baez e Ira Sandperl. Era a época da guerra do Vietnam e, basicamente, organizávamos uma espécie de resistência contra a guerra, assim como contra a violência institucional, por exemplo, contra a medicina institucional. Lentamente, fui passando da organização política para a psicologia. Em 1973, terminei, em São Francisco, o mestrado em Psicologia Clínica. Isto

2 Nota do editor: depois da data em que esta entrevista foi feita, o Dr. Jeffrey K. Zeig já organizou outros congressos e publicou livros além dos citados.

foi pouco tempo depois de ter ido a Phoenix pela primeira vez e conhecer o Dr. Erickson.

M. Y. – Acho que pulou sua infância. Vamos voltar atrás. Teça-nos alguns comentários sobre o pequeno Jeff Zeig.

J. Z. – Honestamente, tenho uma amnésia enorme sobre minha infância. Neste exato momento não tenho em mente muitas recordações.

Sou o mais velho de três irmãos. Tenho duas irmãs. Uma é três anos e meio mais nova do que eu e a outra nove anos e meio mais nova. Meu pai era empregado dos correios e tínhamos um apartamento de um único quarto no Bronx, no quarto andar de um edifício de pé direito alto. Minha irmã e eu dormíamos no mesmo quarto, meus pais em um sofá-cama na sala. Quando minha irmã caçula nasceu, eu tinha dez anos e nos mudamos para uma casa em Long Island. Nessa época, meu pai tinha melhorado de vida dedicando-se a vendas.

M. Y. – O que pode nos contar sobre seus interesses ou sobre o que costumava fazer quando era menino? Ou alguma recordação boa de sua juventude.

J. Z. – Coisas concretas que marcaram, ficaram gravadas em minha vida...?

M. Y. – Inclusive coisas que não sejam necessariamente concretas, mas que nos permitam conhecer que tipo de menino você era.

J. Z. – Creio que uma das coisas que marcou minha vida foi o fato de ser muito pequenino fisicamente. Esta era uma característica que me distinguia muito. Entrei na puberdade muito tarde e, sempre, por toda parte, eu era o menor. Provavelmente, era o rapaz mais baixinho em meu grupo ao graduar-me no segundo grau. Talvez seja um exagero, mas era quase isso. Somente aos dezoito anos, entrei realmente na puberdade. Tive um desenvolvimento muito, muito tardio, mas, ainda assim, sempre fui ativo e organizador.

No colégio, fui presidente do *Key Club,* que era como uma organização de serviços dos estudantes. Saíamos para fazer boas ações para a comunidade. Antes disso, fui voluntário num centro para meninos com carências emocionais. Eu era altruísta. Sempre pensava em fazer coisas altruístas, prestar algum tipo de serviço. Não me lembro de minha família ter me orientado especialmente neste sentido, entretanto, tinha como valor praticar boas ações.

Criar a Fundação Erickson foi uma extensão desta orientação às boas ações. Erickson foi meu mestre durante seis anos e meio, entre minha primeira visita a Phoenix em 1973, e quando morreu em 1980. Foi altruísta em sua maneira de me ensinar. Eu não tinha dinheiro e ele me deu treinamento gratuito. De maneira similar, durante mais de sete anos fui presidente da Fundação Erickson sem nenhuma remuneração. Só durante os últimos dois anos, recebi como pagamento um salário equivalente ao que recebe uma secretária na Fundação.

M.Y. - É uma reviravolta passar da prática política para o estudo com Erickson. Como fez essa transição?

J. Z. - Organização e altruísmo sempre foram o eixo central na minha vida. Agora, mais do que fazer organização política, organizo eventos relacionados com a psicologia. Eu organizava coisas na universidade. Era muito ativo nas organizações estudantis. Era parte de um grupo que estabeleceu um dos primeiros centros de intervenção na crise, "O ouvido que escuta", que ainda existe. Ali, conheci Stephen Lankton que também era muito ativo. Meu treinamento, nesse período, era rogeriano, um treinamento que desenvolve a habilidade para escutar. Isso reforçou meu interesse na psicologia.

Quando fui ver Erickson em 1973, estava saindo do meu período de protesto. Tinha o cabelo muito comprido; se o esticasse até embaixo, chegava à metade de minhas costas. Usava camisas largas fora da calça, que era de um tecido ordinário, e sandálias de couro. Então, quando fui visitar Erickson pela primeira vez, provavelmente, vestia uma camiseta grande como vestido. Quando voltei a vê-lo pela segunda vez, cortei o cabelo como é agora e mudei minha maneira de vestir. Lembro-me que foi uma transição abrupta.

Quando visitei Erickson em 1973, estava estudando análise transacional com Bob e Mary Goulding. Aconteceu que em uma semana fiz análise transacional, com seu modelo de redecisão, e na semana seguinte, fiz terapia ericksoniana, justamente quando visitei Erickson.

Em 1974, apresentei um dos primeiros trabalhos que fiz sobre Erickson no Instituto Ocidental para a Terapia Familiar e Grupal que Bob e Mary Goulding dirigiam. Parte do treinamento como analista transacional consistia em fazer apresentações aos companheiros de grupo. Nessa época, ainda não tinha claro se iria me mover até o enfoque ericksoniano ou se iria permanecer na análise transacional. Eu tive uma boa impressão do trabalho de Bob e Mary e eu aprendi muitas coisas valiosas com eles.

M. Y. - Disse que não estava seguro se iria ficar com Erickson ou com os Goulding. Quando tomou a decisão de enfocar o trabalho de Erickson, o que foi exatamente que você fez ou disse que o convenceu a aceitá-lo seriamente como seu aluno?

J. Z. - No livro de *Vivenciando Erickson* (Zeig, 1994), descrevo como o conheci. Não vai querer que repita aqui, vai?

M. Y. - Sim, quero.

J. Z. - Deixe-me acrescentar alguns detalhes que não contei antes. Estava estudando para obter o grau de mestre; era um programa muito bom na Universidade Estadual de São Francisco. Durante o primeiro ano, passava quatro dias em aula e um fazendo trabalho de campo; durante o segundo ano, passava quatro dias em trabalho de campo e um em aula. Meu lugar de trabalho de campo ficava no Hospital Sequoia em Redwood City, dentro da unidade de internamento psiquiátrico. Eu já tinha trabalhado com pacientes psiquiátricos internados e queria continuar fazendo isso. Ficava ali metade do tempo e a outra metade do tempo na Casa de Redwood, que era parte do Sistema de Saúde Mental do Condado de São Mateus. Ali passava dois dias por semana, fazendo terapia com pacientes externos.

O supervisor dos pacientes internos em Sequoia era um psiquiatra, Charles O'Connor, que também era chefe da unidade. Conhecia alguma coisa sobre hipnose.

Eu queria aprender hipnose, porque não sabia nada. Perguntei-lhe se podia me ensinar como parte de nossa supervisão. Convidou-me para ir a seu consultório e me fez uma indução hipnótica que me assustou bastante. Eu tinha medo da hipnose. Começou me fazendo fixar o olhar e tive visão de túnel. Isto me pôs em alerta imediatamente, porque nunca acreditei que a visão de túnel fosse algo que pudesse me ocorrer. Não sabia o que fazer com minha visão que ia ficando escura. Nunca tinha tido antes visão de túnel; foi um pouco traumático para mim.

Ele era um bom praticante da hipnose. Lembro-me que estava movendo meus dedos com impaciência. Ele foi o primeiro a me introduzir, de forma experimental, a idéia de utilização. Disse-me que à medida que movia os dedos, começava a ver seu movimento... a pôr atenção em seu ritmo... que o ritmo modificava... primeiro aumentando e depois diminuindo... e que então entraria num estado de transe. Surpreendeu-me a forma como utilizou meu comportamento.

Como queria aprender mais sobre hipnose, perguntei-lhe o que podia ler. Disse-me para ler o único livro que tinha sido escrito sobre Erickson até aquele momento, o compêndio de Haley (1967): *Advanced techniques of hypnosis and therapy* (Técnicas avançadas de hipnose e terapia). Consegui uma cópia e comecei a ler diferentes artigos. Pareceu-me incrível! Comecei a comparar o que Erickson fazia e o que eu estava aprendendo sobre as técnicas rogerianas e os enfoques psicanalíticos. Fiquei mesmerizado (hipnotizado) com o que Erickson estava fazendo. Ele estava a anos-luz de tudo o que me era familiar ou tinha conceitualizado.

Rapidamente, escrevi uma carta a uma prima que estava estudando enfermagem em Tucson. Disse-lhe: "Ellen, comecei a estudar hipnose. Se for a Phoenix, Arizona, por favor, visite Milton H. Erickson. Esse homem é um gênio. Estou começando a estudar seu trabalho". Minha prima Ellen me respondeu dizendo: "Lembra-se de minha antiga colega de quarto, Roxanna Erickson?" Ellen tinha vivido com Roxanna, uma das filhas de Erickson. Tinha estudado Antropologia no México. Conheceram-se, deram-se bem e foram viver juntas em São Francisco. Escrevi uma carta a Roxanna e outra a Erickson, junto com a cópia de um artigo que tinha enviado ao "American Journal of Clinical Hypnosis" sobre o uso de uma técnica ericksoniana naturalista para curar alucinações auditivas em esquizofrênicos. Este foi meu segundo artigo. Antes, tinha publicado outro sobre análise transacional junto com Ellyn Bader, mas este foi meu primeiro artigo sobre hipnose. Perguntei a Erickson se podia ir vê-lo e me tornar seu aluno. Ele me escreveu, dizendo-me que, naquele momento, não estava aceitando alunos. Foi uma carta muito linda, que inspirava muito. Publiquei-a em *Vivenciando Erickson* (Zeig, 1994). Respondi-lhe: "Entendo que não está aceitando novos estudantes sob sua responsabilidade, mas posso ir visitá-lo?". Em novembro de 1973, assisti a uma reunião da Sociedade de Hipnose Clínica e Experimental para obter algum treinamento e dali dirigi-me do sul da Califórnia a Phoenix para me encontrar com Erickson. Passei três dias com ele, como hóspede em sua casa. Cheguei sem ter idéia do que iria falar com esse homem; estava tímido, achava que ele tinha visão de raios-X e que ia ver minhas "neuroses" imediatamente. Essa era minha fantasia naquele momento. Nem sequer sabia o que ia dizer, mas dentro de mim sentia que era importante ir a Phoenix para conhecer Milton H. Erickson.

Esta forma de atuar não era característica minha, eu não era tão assertivo, era bastante tímido. Fui a Phoenix e passei esses três dias com Erickson. Narro isso em *Vivenciando Erickson* (Zeig, 1994). Acho que, de alguma forma, ele gostou de mim, porque quando voltei para casa recebi um convite para o casamento de Kristi. Isto me provocou um grande impacto porque tinha passado só alguns dias em Phoenix e ele estava me convidando para o casamento de sua filha. E eu fui! Nesse momento, eu não tinha muita competência, não sabia muito sobre psicoterapia. Erickson deve ter visto algo em mim que ele gostou, porque me integrou em sua vida, convidando-me para um acontecimento familiar. Depois disto, viajei para Phoenix três ou quatro vezes ao ano, aproveitando qualquer oportunidade para passar mais tempo aprendendo com ele.

No princípio, ficávamos só eu e ele, já que, nesse momento, ele ainda não era tão popular; estava aposentado e não era muita gente que ia visitá-lo. Nessa época, foi publicado o livro de Haley (1991) *Terapia não convencional*, e com ele cresceu a popularidade de Erickson. Depois, saíram os livros de Bandler e Grinder, e ele se tornou mais popular. Mas, no princípio, éramos somente Erickson e eu.

Em março de 1979, escrevi-lhe uma carta, propondo-lhe organizar, no ano seguinte, o Primeiro Congresso Internacional sobre a Abordagem Ericksoniana em Hipnose e Psicoterapia. Nessa época, a palavra "ericksoniano" não era muito ouvida. Talvez, a primeira vez que apareceu na imprensa, foi no título desse Congresso. Erickson ficou analisando a idéia de março a junho. Eu, freqüentemente, lhe perguntava: "Quer fazer esse Congresso?" Em junho, ele me disse "Sim". Comecei, então, a organizá-lo.

Sherron, minha esposa nessa época, datilografou a carta proposta a Erickson. Era um presente de aniversário que eu queria dar a ele por tantos anos de treinamento gratuito. Na verdade, havia feito comigo uma terapia de autodesenvolvimento, porque, ao mesmo tempo em que me treinava, estava fazendo terapia comigo. Eu queria agradecê-lo com um presente, que seria a organização deste Congresso que coincidiria com o momento em que completava setenta e nove anos. O congresso se converteria, assim, em uma oportunidade para que revisse seus amigos e para que seus amigos o revissem. Também queria que Erickson se desse conta do impacto de seu trabalho.

Erickson morreu nove meses antes da reunião, mas, naquele momento, já tínhamos 750 pessoas inscritas. Nunca, na história, houve 750 pessoas inscritas para um evento de hipnose. Com isso, ele recebeu ao menos parte de seu presente de aniversário.

M. Y. – Que teria acontecido se você não tivesse feito tudo isso? O que você acha que teria acontecido com o trabalho de Erickson, com sua memória, com sua família, se você não tivesse tido esse grande impulso organizador? É uma pergunta hipotética...

J. Z. – Creio que Erickson era bom para seus filhos. Tinha prática nisso, porque teve oito. Todos seus filhos são indivíduos únicos que seguem cada um seu próprio caminho. Ajudou-lhes a desenvolver sua própria individualidade. E da mesma forma, tinha colegas como Robert Pearson, Kay Thompson, Ernest Rossi, Herbert Lustig, Joseph Barber, Stephen Gilligan e Stephen Lankton, pessoas a quem Erickson também ajudou a desenvolver a individualidade. Tinha Ernest Rossi, por exemplo, que é extraordinário para captar a essência do trabalho de Erickson e colocá-la no papel. Teve a mim, que pude organizar e estruturar a Fundação. Outros foram grandes mestres e grandes clínicos. Cada um de nós tem uma área própria em que é especialista. Se eu não estivesse, não creio que faria grande diferença. Não existiria a Fundação Erickson, mas haveria muitos especialistas ensinando os métodos ericksonianos.

Outros grandes mestres contemporâneos de Erickson não tiveram a capacidade de promover e fazer surgir as características individuais de seus alunos. Inclusive, eu penso que alguns de seus métodos terapêuticos poderiam ser esquecidos, ser perdidos, pela falta deste talento.

M. Y. – Sua resposta é muito interessante. É uma forma de entender seu papel. De fora, uma das críticas mais freqüentes aos "ericksonianos", às pessoas que abertamente se identificam e se alinham a Erickson, é que não são indivíduos únicos, mas que, ao contrário, são todos iguais. São conhecidos coletivamente como a "Praga Roxa", como fanáticos, como um tanto de gente folclórica da costa oeste que cavalga, de um lado para outro, em cadeira de rodas roxas, imitando Erickson, agindo de forma estranha, mas, realmente, não dando muita contribuição. O que acontece com essa gente, o que deveriam saber que ainda não sabem?

J. Z – Com certeza, já ouvi esta crítica, mas eu não posso vê-la como um culto. Algumas pessoas imitam realmente Erickson; copiam aspectos de seu estilo comunicacional.

Erickson era muito claro a respeito de sua individualidade. Maximizava-a. Maximizava sua individualidade pela forma como se vestia, pela maneira de falar e de fazer terapia. Também animava seus filhos, seus alunos e seus pacientes a alcançarem sua individualidade. Sempre transmitia, com muita força, a mensagem para desenvolver essa característica que é a essência particular de cada um.

Entretanto, desde Freud, todo grande movimento em psicoterapia teve uma figura paterna ou materna forte. Logo, imagino que se poderia dizer que há um culto freudiano ou um culto junguiano, mas creio que é uma perspectiva muito limitada. Poderia anular (jogar por terra) uma quantidade enorme de coisas colocando nestes movimentos a etiqueta de cultos. E creio que há muitas coisas boas que se originam do fato de se ter uma figura forte que abre brecha e constrói o caminho para uma nova perspectiva.

Erickson era uma figura forte que tinha uma mensagem importante e, com certeza, há grupos que se rebelam contra ele e sinalizam qualquer incorreção ou inadequação. É importante ouvir estas críticas porque há coisas que podem ser aproveitadas; representam uma força que pode equilibrar e evitar distorções.

M. Y. – Isto é verdade quando as críticas tendem a ser racionais. Agora, permita-me fazer duas ou três muito específicas, e quero que me responda de forma concreta: Herbert e David Speigel em um seminário a que assisti, vou citá-los textualmente, disseram: "Se quiser ser ericksoniano, tem que vestir um turbante com uma pérola na frente." Seu comentário.

J. Z. – Spiegel tem um enfoque padronizado que é muito fácil de se aplicar e de se usar em uma pesquisa. Usa seu método com um estilo dramático; é quase como ver um grande shakespeariano atuar Hamlet. Ainda que o faça de forma repetitiva, parece natural e vibrante como se fosse a primeira vez. Se vai a Spiegel para deixar de fumar, ele fará com você a "técnica de Spiegel" que aplica a todo mundo. Erickson comparava este tipo de enfoque com um ginecologista que recebesse a todos os bebês com fórceps.

M. Y. – Ernest Hilgard fez o comentário de que falta a Erickson objetividade científica. André Weitzenhoffer dizia que as pessoas se sentiam atraídas pelo trabalho de Erickson porque elas não tinham que fazer nada, era só "deixar que o inconsciente fizesse o trabalho". William Kroger disse que o trabalho de Erickson tinha sido analisado tão detalhadamente e distorcidamente que se tornara irreconhecível; acrescentou que esteve examinando Erickson durante anos e anos, e nunca o viu fazer o monte de coisas que os ericksonianos escrevem sobre ele. Tudo isso o coloca, Jeff, em uma posição de líder de um campo rebelde. Como vê seu papel como força que configura a hipnose moderna?

J. Z. – Bem, não vejo isto como um campo rebelde. O movimento ericksoniano é muito mais amplo e goza de mais renome do que os enfoques dos críticos por você mencionados. Neste momento, temos na lista de endereços da Fundação 14.000 profissionais que recebem nosso periódico de forma regular. As maiores sociedades de hipnose têm uns cem membros. As pessoas que se interessam pela terapia ericksoniana são um grupo muito variado. Dentre elas, existem assistentes sociais, psicólogos, conselheiros, psiquiatras e gente de campos muito diferentes, não somente no de hipnose. O trabalho de Erickson se estendeu à terapia familiar, à terapia estratégica, ao enfoque interacional do Mental Research Institute, à programação neurolingüística, etc. De modo que me interessa escutar estas críticas, mas não sinto que tenha que defender Erickson delas. Posso prestar um pouco de atenção, são interessantes, ainda que não pense em gastar muito do meu tempo defendendo-o delas. Eu acredito que Erickson deu contribuições muito importantes e gostaria que as pessoas as vissem e as avaliassem por si mesmas. Por esta razão, continuamos organizando congressos. Neles, mostramos os feitos de Erickson, mostramos como utilizamos e temos desenvolvido seus métodos extraordinários. Temos uma mensagem a transmitir e saímos ensinando-a. Claro que haverá pessoas que nos atiram pedras e alguém pode avaliar seu êxito pelo tamanho dos projéteis atirados. Há críticas legítimas que devem ser respondidas, ainda que críticas como "é um culto" ou "tem que usar um turbante para ser terapeuta ericksoniano" sejam o tipo da coisa que não tem o que comentar ou responder. São questões irrelevantes que se deixa de lado.

O trabalho de Erickson é um corpo importante de conhecimento. Algumas coisas que ele fez não haviam sido pensadas antes por nenhuma outra pessoa. Erickson explorou novas lentes para entender as respostas humanas e métodos para desenvolver a capacidade humana de responder, que antes nem sequer haviam sido sonhados. Este conhecimento deve ser preservado, entendido e desenvolvido, e é o que tenta fazer a Fundação Erickson.

M. Y. – Quais seriam, segundo você, o maior ou os maiores mal-entendidos sobre Milton H. Erickson?

J. Z. – Um é sobre sua pesquisa. Acho que Erickson era mais um antropólogo do que um cientista, conforme a tradição da química e da física. A pesquisa em psicologia e psicoterapia como disciplinas das ciências exatas, tem sido clássica e empírica. Erickson era como um antropólogo que vai a campo e depois relata os resultados. Esta era uma forma maravilhosa de aprender sobre as interações humanas. A arte de fazer experiências de campo estava segura porque seu trabalho não era do tipo que podia ser submetido a uma prova T. Recentemente, pessoas como Bill Matthews estão fazendo este tipo de pesquisa, com experiências de campo em comunicação. Acho que Erickson sabia o que estava fazendo. Mas não estava fazendo pesquisa empírica para definir, por exemplo, a natureza da hipnose como um evento que ocorre dentro do indivíduo, como fizeram Theodore Barber, André

Weitzenhofer ou Martin Orne. A pesquisa que Erickson fazia era de uma perspectiva diferente. Haley colocou isto claro quando disse: “Fizesse o que fizesse o psiquiatra tradicional, Erickson estava fazendo o contrário”. Foi um homem que teve uma visão singular. Ele iria seguir sua visão, desenvolver Milton H. Erickson. As pessoas podiam aceitá-lo ou não, mas ele se manteria seguro de sua visão. Tinha uma forma extraordinária de confiar em seu próprio juízo e em suas próprias habilidades. Na maioria das coisas, eu acredito que ele estava certo. Hoje em dia, muitas das perspectivas que ele promoveu e que, em sua época, pareciam muito revolucionárias, passaram a fazer parte da corrente principal da psiquiatria.

M. Y. – De forma sucinta, você acredita que as pessoas estão equivocadas ao considerar que ele não era um pesquisador quando na realidade ele o era?

J. Z. – Sim, é um mal-entendido. Em seus primeiros anos, foi mais conhecido como pesquisador do que como clínico.

M. Y. – Eu me lembro que há vários anos você me disse que o movimento ericksoniano tinha chegado ao seu auge.

J. Z – Disse-lhe que chegaria ao seu clímax em dez anos, mas estava equivocado. Nossos congressos ficam cheios. Isto é fora do normal na psicoterapia. Os congressos geralmente não ficam cheios. A Conferência para celebrar os dez anos da Fundação estava totalmente vendida dois meses antes. No princípio, havíamos pensado só em uns cem participantes. Tratava-se de um pequeno seminário que teria lugar fora da programação de nossos congressos, mas também foi vendido. Registramos 450 pessoas e tínhamos uma lista de espera de mais 50. Isto mostra realmente o interesse que há em aprender os métodos ericksonianos. Penso que a Fundação deve continuar ajudando as pessoas a aprender mais sobre Erickson.

Há muitos projetos que podem ser realizados através da Fundação. Por exemplo, temos as cartas de Erickson. Ele escreveu algumas cartas extraordinárias. Era um correspondente muito produtivo e talvez tenha inclusive escrito com a idéia de que suas cartas seriam algum dia documentos históricos.

Temos correspondências históricas com Margaret Mead, com Gregory Bateson e com outras figuras como André Weitzenhoffer, assim como com alguns analistas renomados, como Lawrence Kubie. Justamente agora, meu colega Brent Geary e eu estamos editando algumas destas cartas. Serão lidas como uma história da hipnose do século XX. Queremos que essa informação saia à luz.

Gravei muitas entrevistas para fazer uma biografia de Erickson e ilustrar alguma coisa de sua vida profissional.

Temos outros projetos de publicações que são mais ecléticos. Outro colega, Michael Munion, e eu co-editamos um livro que se chama *What is psychotherapy?* (Zeig e Munion, 1990) (O que é psicoterapia?) Pedimos a diferentes especialistas que definissem a psicoterapia de seu ponto de vista pessoal, único. Queremos nos ramificar, nos estender, ao espírito da próxima Conferência sobre *A Evolução da Psicoterapia* e integrar os métodos ericksonianos à corrente principal da psicoterapia. Erickson nunca foi partidário em ter uma escola específica de psicoterapia ericksoniana. Acreditava que as escolas eram limitadoras. Há muitos projetos de publicações da Fundação.

Temos um arquivo de cem horas de fitas de vídeo e de áudio de Erickson. Gostaríamos de difundir mais algumas delas para que as pessoas conheçam melhor as contribuições deste grande homem. Queremos ter um centro de treinamento em Phoenix, onde as pessoas possam ir e aprender realmente os métodos ericksonianos e não somente ter uma mostra, como nos congressos, sem ter um lugar onde possam passar um tempo. Esperamos desenvolver este centro no futuro. Como vê, a quantidade de projetos que temos a realizar para continuar transmitindo esta mensagem é enorme. Seguiremos fazendo congressos e seminários. Muitas organizações perdem dinheiro em seus congressos e obtêm seus proventos das cotas de seus associados. Nós não somos uma organização de associados. Nossos proventos provêm dos congressos e seminários. Utilizamos estes fundos para impulsionar nosso trabalho, incluindo publicações e outros projetos.

M. Y. – Poderia partilhar conosco um pouco de sua vida pessoal?

J. Z. – Sou uma pessoa muito reservada e, neste sentido, mantenho minha vida profissional e minha vida privada separadas. Eu não acredito que Erickson foi diferente disso, também era um indivíduo reservado. Inclusive, pessoas como Haley, que o conheciam muito bem, não sabiam muito sobre sua vida pessoal.

M. Y. – Obrigado pela entrevista, Jeff.

TERESA ROBLES

Introdução ao Seminário

Estou muito feliz de estar aqui e de ter sido convidado por Jorge, Teresa e pelos demais membros do Instituto Milton H. Erickson da Cidade do México. A meu ver, eles estão realizando um trabalho muito importante para difundir as técnicas mais recentes de hipnose moderna entre os profissionais da saúde, no México. Fico satisfeito por vocês estarem apoiando seu trabalho. Dessa maneira, poderão trazer outros especialistas e difundir mais, no México, a prática das técnicas criadas por Milton H. Erickson. Atualmente, os membros da American Psychological Association buscam mais treinamento nestas técnicas do que em outros tipos de terapias. As técnicas ericksonianas são, junto com as técnicas de terapia de família, as mais populares nos Estados Unidos, e sua popularidade está crescendo em todo o mundo.

Durante este Seminário, espero fazer algo muito simples com vocês. Gostaria de infectá-los com as técnicas ericksonianas como se fossem um vírus vital. Quero passar-lhes este vírus e infectá-los com um pouco do entusiasmo que sinto por Milton H. Erickson, da admiração pelo trabalho que ele iniciou e que alguns de seus alunos têm continuado. Apresentarei a vocês um enfoque geral da psicoterapia. Vamos definir o que distingue as técnicas ericksonianas de outros tipos de terapia e, além disso, eu buscarei oferecer-lhes uma visão geral que lhes permita integrá-las à sua própria prática profissional.

JEFFREY K. ZEIG

1
Terapia Feita sob Medida e Embrulhada para Presente

Há pouco tempo, fui entrevistado por uma repórter que estava preparando um artigo para uma revista local sobre os propósitos do Ano Novo. Por alguma razão, achou que a hipnose estava relacionada com isso e me perguntou por que as pessoas não seguem suas próprias sugestões. Por que prometem a si mesmas que vão, por exemplo, deixar de fumar, emagrecer, modificar nas suas relações importantes e não cumprem seus propósitos? Por que não escutam os bons conselhos dados por elas mesmas? A hipnose é uma maneira das pessoas escutarem seus próprios conselhos. A repórter me perguntou: "Dr. Zeig, o que é a hipnose?" e eu respondi que, estruturalmente, talvez não essencialmente, a hipnose é uma maneira de embrulhar idéias como se fossem presentes. É uma forma de pegar as idéias, embrulhá-las como presente e apresentá-las ao paciente de forma bem atrativa, como algo muito valioso, para ajudá-lo a fazer brotar as potencialidades que estão escondidas. Todas as pessoas têm forças e recursos que desconhecem e o trabalho do terapeuta consiste em apresentar ao paciente idéias que lhe ajudem a chegar a algumas dessas potencialidades por si mesmo.

Estudei hipnose porque é um modelo de comunicação, um modelo de como apresentar idéias com um máximo de valor terapêutico, sem necessidade de usar um transe formal. E como é só um estilo de comunicar idéias, não creio que nenhum de vocês necessite aprendê-la formalmente, mas sim tomá-la como algo que fará com que sua terapia seja mais efetiva e mais divertida.

Assim, vou lhes dar um modelo de terapia, não de hipnose. Um modelo de como podem aplicar elementos de hipnose em qualquer psicoterapia. Os médicos, por exemplo, podem usar estas técnicas de comunicação para tornar suas prescrições mais efetivas.

Em um estudo realizado nos Estados Unidos, foi pedido a um médico que, em um período de dez minutos, prescrevesse três vezes os medicamentos. Quando os pacientes saíam do consultório, um entrevistador lhes perguntava: “Como o doutor lhe disse para tomar os medicamentos?” Cinqüenta por cento das pessoas não sabiam responder o que o médico lhes havia dito.

Com a hipnose, podemos conseguir mais do que 50% de eficiência em nossa comunicação.

Agora, permitam-me dar-lhes um panorama geral.

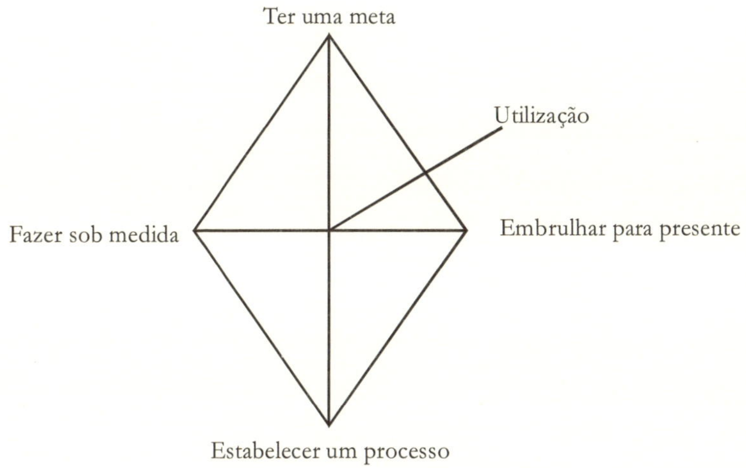

Figura 1 – O Diamante Ericksoniano

Isto é o que chamo o Diamante Ericksoniano. Em seus quatro vértices e no cruzamento de seus dois eixos, podemos situar os cinco princípios que constituem a base deste seminário.

O primeiro princípio se refere a *ter uma meta*, de modo que saibamos para onde levar a terapia. A meta também permite ao terapeuta saber se alcançou seu objetivo, se teve êxito. Parece ser muito simples, mas, às vezes, pode ser muito complicado.

Uma vez que o terapeuta tenha uma meta, necessita uma forma de *embrulhar* as sugestões *para presente*. Pode fazê-lo usando uma metáfora, uma história, hipnose, a prescrição de um sintoma, um símbolo, uma intervenção não-verbal, a ilusão de alternativas, dentre muitas outras técnicas.

É muito bom ter uma meta e embrulhá-la para presente, mas isto não é suficiente para se ter êxito. Se vocês quiserem aumentar o poder da terapia, é necessário *fazer* a meta *sob medida* para o paciente, para que se encaixe dentro de seu estilo particular.

É muito agradável receber um presente e, mais ainda, se está bem embrulhado, porém se o presente é personalizado, quer dizer, se aquele que presenteia oferece algo que tem um valor único para aquele que recebe, esse presente é muito mais significativo.

Já temos uma meta feita sob medida, já a embrulhamos para presente, mas também queremos *estabelecer um processo* no tempo, de maneira que o presente, feito sob medida como está, bem embrulhado como está, não seja simplesmente entregue à pessoa, mas apresentado a ela com certa cerimônia para que tenha mais sentido.

Pois bem, o ponto central no trabalho de Erickson é o conceito de *utilização*. Utilização significa que seja o que for o que o paciente traga, usem-no: se o paciente traz um estilo de vestir, usem-no; se traz uma orientação religiosa, usem-na; se traz um problema, usem-no; se traz resistência, também usem-na. Qualquer coisa que o paciente trouxer, pode ser usada. A utilização é como a fonte da juventude para os terapeutas. É talvez melhor para o terapeuta do que para o paciente, porque mantém o terapeuta vivo, atento ao que está acontecendo a cada instante.

Eu sei que para vocês estas são meras palavras, mas espero poder lhes dar oportunidade para experimentá-las. Pessoalmente, creio ter uma boa compreensão vivencial dos primeiros quatro conceitos, e talvez em menor medida da utilização, que Erickson tinha tão integrada em sua vida. Mesmo conhecendo-a e compreendendo-a, não a sinto tão integrada a mim.

Para entender com mais clareza este modelo, permitam-me contar-lhes rapidamente o caso de uma paciente limítrofe muito perturbada, Clara, que me foi encaminhada por um hospital. Tinha sido internada e recebido alta várias vezes. Mantinha com a instituição uma relação hostil e dependente. Quando estava internada, não participava dos programas, não se curava e nem se sentia melhor, com tudo que lhe davam no hospital. Quando estava fora, cortava suas veias para ser readmitida. Chamaram-me numa terça-feira; ela tinha saído na sexta-feira e temiam que tentasse se suicidar de novo. O hospital estava farto das readmissões. Procuraram-me como especialista em terapia breve e me perguntaram se aceitaria esta paciente difícil.

Marquei um encontro para que a família a trouxesse. Mesmo sendo uma pessoa adulta, vivia com seu pai e com sua mãe. Vieram a uma sessão de emergência na quarta-feira à noite.

Minha meta era que Clara se dispusesse a fazer a terapia comigo. Certamente, não veio contente ao meu consultório. Ela queria que a levassem ao hospital de onde a haviam tirado na sexta-feira. Clara se comportou com hostilidade, solene, e, quando entrou no consultório, era perceptível sua agressividade. Falei com toda a família somente por alguns minutos, enquanto tinha em mente a pergunta: a que Clara dava valor? Precisava saber o que ela valorizava para fazer sob medida a minha primeira meta: envolvê-la na terapia. Sabia que ela valorizava os objetos cortantes, já que gostava de cortar seus pulsos; bom, não sei se gostava, mas havia feito várias vezes. Na sua mente, estava certo cortar as veias, logo era algo que ela valorizava. Depois, conversei com seu pai por cinco minutos e descobri que era militar, que, recentemente, tinha tido uma afecção coronária tripla e, apesar disto, fumava. Já sabia também o que ele valorizava. Na seqüência, vi Clara sozinha e soube que ela gostava de seu pai e odiava sua mãe, vivia uma dissociação através da qual "papai era bom e mamãe era má". Descobri que Clara valorizava sua palavra. Se prometesse algo, cumpria. Além disso, era uma trabalhadora muito responsável. Passei também cinco minutos a sós com sua mãe, somente como cortesia, porque nesse momento não iria interagir muito com ela dentro do sistema familiar para alcançar a meta que havia estabelecido. Pedi a senhora que saísse para falar com Clara e seu pai. Disse a Clara: "Sente-se caladinha no sofá e não diga nada". Ela gostou do que disse, porque não queria me dizer nada nem ficar no consultório. Então me dirigi com dureza ao seu pai. Disse-lhe "Vamos falar de homem para homem". Como era militar, sabia o que era falar de homem para homem. Falar de homem para homem era tornar a conversa feita sob medida para ele e utilizar. Continuei: "Como se atreve a ser tão hipócrita? Como o senhor quer que sua filha faça terapia para que não continue cortando as veias, se o senhor, há pouco tempo, teve uma enfermidade coronária e continua fumando? Como se atreve a ser tão hipócrita?" Clara começou a se mexer no assento. Não gostava que falasse assim com seu pai. Já tinha chamado sua atenção. Disse-lhe: "Bom, estou de acordo em aceitar sua filha como paciente com uma condição. A condição é que o senhor me prometa, neste momento, de homem para homem, que deixará de fumar definitivamente. Certamente que, se sua filha voltar a cortar as veias, o senhor estará livre para voltar a fumar". Clara me olhou e chorando me disse: "Eu não posso fazer essa promessa. No hospital, tentaram me fazer parar de cortar as veias e eu não posso fazer essa promessa". Respondi-lhe: "Clara, não estou falando com você, estou fazendo um trato com seu pai". Já tinha feito um trato com o pai, logo fiz outro com ela. Clara pagaria a terapia. Mas como não tinha dinheiro, pagaria com trabalho. Ela sabia fazer muito bem trabalhos em crochê, que eu gostava muito. Num de seus melhores empregos lhe pagaram dez dólares por hora. Eu cobro sessenta dólares por hora, logo ela teria que me pagar com seis horas de trabalho cada hora minha. Era muito responsável e tinha um registro das horas num caderno. Comecei a vê-la duas ou três horas por semana, me devia muitas horas, tinha que passar muito tempo com um objeto cortante, o que lhe agradava. Mas com este objeto cortante estava fazendo algo para mim no lugar de cortar as veias. Se vocês visitarem a Fundação Milton H. Erickson em Phoenix, verão quatrocentas horas de crochê. A Fundação está decorada com o trabalho de Clara. Isto não era sua cura, no momento havíamos alcançado a meta de que continuasse a terapia comigo. Muitas pessoas lhe disseram para parar de cortar as veias. Eu lhe apresentei a idéia de que poderia fazer isso, adequadamente embrulhada para presente e feita sob medida para ela, dentro de um processo dramático[1], que

[1] Nota de tradução: As palavras drama e dramático, conforme tradução do inglês, têm o sentido de uma experiência significativa, algo que toque as pessoas, que é capaz de interessar ou de emocionar fortemente.

fez com que essa idéia fosse muito mais valorizada e assim se alcançasse a meta.

A psicoterapia deve ser um "Ato Emocionalmente Significativo". Deve ter drama, como as telenovelas. E, com o drama, as idéias ganham força. Milton H. Erickson era um dos terapeutas com maior poder dramático que conheci. Ele pegava idéias muito simples, fazia com que ficassem sob medida para o paciente e as embrulhava para presente para criar processos significativos, através dos quais o paciente podia mudar.

Quero partilhar com vocês outro caso que tem a ver com o fumar. Algumas pessoas, talvez várias das que estão aqui, que são fumantes, brincam com a idéia de parar de fumar e dizem muitas vezes a si mesmos "vou parar de fumar", enquanto tiram o cigarro do maço e o levam à boca.

Eu era fumante. Fumava cachimbo que combinava com minha imagem de psicólogo jovem. Numa de minhas visitas a Milton H. Erickson, em 1975 ou 1976, eu estava sentado no pátio de sua casa, fumando meu cachimbo, quando a Sra. Erickson passou por ali, empurrando-o em sua cadeira de rodas e ele me viu.

O Dr. Erickson ficou confinado a uma cadeira de rodas, devido a seqüelas da pólio, durante os últimos treze anos de sua vida. Ele iniciou a sessão com uma história, a história de um amigo seu que era fumante de cachimbo, e a história tratava de como seu amigo era desajeitado fumando seu cachimbo. Chamou minha atenção, falando de fumar. Seu amigo era desajeitado porque não sabia em que lugar de sua boca colocar o cachimbo. Devia colocar o cachimbo no centro da boca? A um centímetro do centro mais para a direita? A um centímetro do centro mais para a esquerda? Devia colocar o cachimbo no canto da boca? Era desajeitado. Era desajeitado porque não sabia como segurar o cachimbo. Devia segurar o cachimbo para cima? Devia segurá-lo para baixo? Devia segurá-lo de lado? Era desajeitado, mas era desajeitado porque não sabia soltar a fumaça. Devia soltá-la para a direita? Devia soltá-la para baixo? Devia soltá-la para cima? Era desajeitado. E era desajeitado porque não sabia onde deixar o cachimbo. Devia deixar o cachimbo sobre a mesa? Devia segurar o cachimbo na sua mão? Devia deixar o cachimbo sobre a escrivaninha? Era desajeitado porque não sabia manejar o tabaco. Como colocar o tabaco no cachimbo? Como esvaziá-lo? Devia usar um instrumento? Devia fazê-lo com o lápis? Era desajeitado.

Juro que esta história durou uma hora com frases similares. Nunca pensei que houvesse tantas formas de ser desajeitado ao fumar um cachimbo. Por fim, a história terminou e Erickson passou a outro tema, enquanto fiquei pensando: "Não sou desajeitado... fumo cachimbo há anos... por que me contou esta história?"

De volta a minha casa na Califórnia, ao passar pela cidade de Bakersfield, disse a mim mesmo seriamente: "Não vou fumar cachimbo mais, não quero fumar cachimbo mais, nunca mais", e prometi a mim mesmo: "Nunca mais". Nunca voltei atrás porque conscientemente queria parar e inconscientemente também. Parei de fumar nesse momento. E não parei de fumar porque Milton H. Erickson me disse para parar, nem o fiz por minha saúde, mas porque queria parar de fumar e é meu mérito. Eu que fiz. Milton H. Erickson não fez, ele não me hipnotizou. Eu que fiz. O que ele fez foi tomar uma idéia muito simples e encontrar a forma de embrulhá-la para presente dentro de uma história feita sob medida para mim. Nesse momento de minha vida, eu era facilmente impressionável e, se havia uma pessoa a quem eu não queria parecer desajeitado, era Milton H. Erickson. E ele associou: cachimbo-desajeitado, cachimbo-desajeitado, cachimbo-desajeitado e se divertiu muito fazendo isso. E não foi seu mérito. Ele não ganhou. Eu ganhei. O mérito é meu.

Onde entra e fica situada a hipnose neste esquema de terapia? Pois bem, a hipnose é só uma forma de embrulhar uma idéia para presente. Ao terminar este seminário, quero que vocês tenham vinte formas diferentes de embrulhar idéias para presente, técnicas que podemos aprender da hipnose. Também quero que aprendam a fazer a terapia sob medida e aprendam algumas idéias sobre processo. Vamos fazer isto a partir do conteúdo que vou apresentar, mas também com exercícios vivenciais para que aprendam estes conceitos praticando-os mais do que ouvindo e depois vamos ver Milton H. Erickson fazendo terapia (Capítulo 6). Isto, ao mesmo tempo em que é muito interessante, é surpreendente, porque vocês verão de que forma elegante ele podia fazer as coisas, como estabelecia o processo.

Tenham em mente que se tratava de um homem muito doente fazendo terapia. Erickson tinha muitas limitações por seus problemas de saúde. Quando o vi em 1973, já estava confinado a uma cadeira de rodas, com uma dor constante, pelas seqüelas de sua pólio; sua visão era dupla, seu ouvido falhava, seus lábios estavam parcialmente paralisados, sua respiração era difícil porque só respirava através de alguns músculos intercostais e meio diafragma. E ele, que chegou a desenvolver a fala de forma magistral, como um ator, teve que voltar a aprender a falar. Seus músculos chegaram a uma deterioração tal que não podia utilizar dentadura e, por isso, também precisou reaprender a pronunciar com clareza. E, apesar de estar enfrentando tantos problemas físicos, Erickson era o que chamaríamos de uma chama iluminadora.

Há duas semanas estive em Viena com Viktor Frankl, o criador da logoterapia e terapeuta existencial. Assim como Erickson, Viktor Frankl pegou as experiências que viveu no campo de concentração e fez uma alquimia, quer dizer, as transformou da mesma forma que na alquimia se converte um metal base em ouro. Erickson também transformou a experiência da pólio em ouro puro. Para Milton H. Erickson e para Viktor Frankl, a utilização das experiências negativas não é só uma técnica terapêutica, mas um estilo de vida. Erickson dizia do fundo de sua alma que a psicoterapia começa em casa, na casa do terapeuta. Era um homem que realmente inspirava e não falava com hipóteses nem com hipocrisias. Quando falava de desfrutar a vida apesar das limitações, ele o estava fazendo diante de seus próprios olhos. Quando falava de superar a dor, ele o estava fazendo diante de você. Não falava da boca para fora, mas com sua própria experiência. E era muito agradável ficar próximo dele, inspirava tantas coisas sentir como podia desfrutar da vida em meio aos seus incômodos e dores. Acredito que essa foi sua maior genialidade, a forma que viveu sua própria vida. A imagem de um homem extremamente doente pode ser muito diferente da imagem mental que talvez vocês tenham deste grande gênio. Se lerem os livros que falam sobre ele, *Terapia não convencional* de Jay Haley (1991), e o livro que publiquei *Seminários didáticos com Milton H. Erickson* (Zeig, 1995), ficarão bastante impressionados com sua técnica, mas seu poder surgia de sua própria pessoa, mais do que de sua técnica.

Erickson tinha quatro áreas geniais. Em primeiro lugar, está a hipnose. Não é exagero dizer que ele inventou a hipnose moderna. Inventou a levitação da mão, a técnica do entremeamento, a da confusão, a amnésia estrutural. Tinha uma mente muito fértil e se dedicava seriamente à hipnose. Foi famoso como pesquisador e como clínico.

Sua segunda área genial foi sua terapia estratégica. Em 1973, Jay Haley publicou *Terapia não convencional* (Haley, 1991)[2], uma introdução à terapia estratégica de Erickson. Haley escreveu: "A psicoterapia é um problema, não uma solução". O problema é que o paciente esteja em terapia. Esse é o problema. A solução é tirar o paciente da terapia o mais rápido possível para que viva sua vida de forma independente. Haley escreveu sobre as técnicas derivadas da hipnose que podem ser usadas sem necessidade de um transe formal. Haley não utiliza transes formais.

---

2 Nota do editor: 1973 é o ano da publicação do livro em sua língua original, em inglês, *Uncommon therapy*.

A terceira área da genialidade de Erickson foi sua forma de ensinar. Ensinava contando histórias, propondo tarefas, utilizando vínculos terapêuticos e símbolos. De fato, se pararmos para observar, poderemos nos dar conta de que a hipnose ericksoniana, a terapia estratégia e sua forma de ensinar são muito semelhantes. Ao observá-lo, é difícil dizer em que momento está ensinando, em que momento está hipnotizando, em que momento está fazendo terapia, porque nas três áreas Erickson tinha o mesmo propósito: fazer surgir recursos e potencialidades que estavam adormecidos. Erickson não ensinou conteúdos. Não ensinou nada, nem sequer da complexidade deste Seminário. Quando falava, falava para estimular as pessoas. E eu, desculpando-me, digo-lhes que basicamente vou lhes ensinar conteúdos. Quando fui aluno dele, durante mais de seis anos, nunca me ensinou a hipnotizar. É como se tivesse assumido que eu já sabia e a única coisa que ele tinha que fazer era me ajudar a fazer surgir isso que eu já sabia. Esta é uma filosofia muito poderosa.

Implica, por exemplo, em assumir que todo paciente esquizofrênico pode falar de forma direta, que todo paciente esquizofrênico pode fazer coisas semelhantes às que outras pessoas fazem. A esquizofrenia versa sobre diferenças. Os esquizofrênicos são verdadeiros artistas para estabelecer diferenças. Algumas pessoas fazem coisas semelhantes. Se lhes disser: "Tenho um irmão", começam a falar de seu irmão. Outras, fazem coisas diferentes. Se lhes disser "vermelho", respondem "preto, verde". Se alguém diz "branco", respondem "preto". Os esquizofrênicos são pessoas que fazem coisas diferentes. Piscam diferente, vestem-se diferente, comem diferente, movem-se diferente, respiram diferente. Simplesmente fazem coisas de maneira diferente. Entretanto, cada esquizofrênico sabe como agir igual e como agir diferente. Dentro deste modelo, a meta da terapia não é ensinar ao esquizofrênico a comportar-se de maneira "sã", mas estabelecer situações nas quais possa fazer surgir os recursos que estão adormecidos: o saber agir de maneira similar. Do mesmo modo, cada fumante sabe como ficar tranqüilo sem o cigarro. Ele tem anos de experiência neste sentido. E todo paciente deprimido tem anos de experiência estando contente, ativo e mudando do mau para o bom humor. A meta terapêutica é estabelecer uma situação na qual o paciente descubra seus recursos internos por si mesmo.

Para conseguir isto, freqüentemente, Erickson embrulhava as idéias para presente, utilizando métodos indiretos[3] e por esta razão o estilo ericksoniano tem sido

3 A comunicação indireta é a quarta área genial de Erickson. (Nota de Teresa Robles.)

relacionado com a indireção. Não obstante, Milton H. Erickson era um homem muito direto. Dizia as coisas de forma brutalmente direta, quando convinha, e, em tais situações, esse estilo funcionava.

Se uma pessoa que quer parar de fumar vem vê-los, vocês a olham e dizem: "Pare de fumar", e, se a pessoa parar, não precisam fazer nenhuma outra terapia. Mas o que acontece quando dão uma sugestão direta e não funciona? Vocês devem se tornar mais indiretos em sua abordagem utilizando, por exemplo, associações, ilusões e outras técnicas que lhes apresentarei.

Agora, permitam-me lhes falar, brincando um pouco, de diferentes tipos de terapia.

Numa manhã, acordei cedo e fui ao Mac Donald's em Phoenix, Arizona. Entrei com meu carro no *drive thru*. Quando cheguei ao microfone onde se faz o pedido, o empregado me disse: "Seu pedido, por favor". Eu lhe respondi: "Sabe? Acabo de descobrir o segredo da vida". Às sete da manhã, este homem não estava muito interessado em descobrir qual era o segredo da vida e me disse de novo: "Seu pedido, por favor". Respondi-lhe: "Acabo de descobrir o segredo da vida e quero um suco de laranja". Respondeu: "79 centavos, por favor". Quando cheguei ao guichê para pegar meu suco, o empregado me olhava já de forma suspeita: "Aqui está seu suco de laranja".

"Sim, obrigado, mas descobri o segredo da vida". Finalmente me olhou e disse: "Bem, qual é?". Respondi: "Pode-se fazer psicoterapia sem metacomentar". Minha descoberta não o impressionou muito.

Pode-se fazer psicoterapia sem metacomentar. Que quer dizer isto? A maioria das psicoterapias ocorre através de um processo de metacomunicação, onde o terapeuta faz metacomentários sobre os sentimentos do paciente, sua atitude, seus padrões de interação. A terapia tem sido um processo de exploração, confrontação e interpretação. Os terapeutas explicam, confrontam e interpretam alguns aspectos do paciente ou do sistema a que pertence e isso é o que consideram terapia. Entretanto, eu penso que os terapeutas fazem metacomentários quando colocam seus cérebros em ponto morto e deixam de "utilizar". Metacomunicação é o oposto de utilização. Esta é uma idéia original, nunca tinha expressado assim antes. Metacomunicação é o oposto de utilização. Depois de vinte anos fazendo terapia, posso fazer metacomentários até dormindo.

O que me tinha impressionado antes de ir ao Mac Donald's nessa manhã era que tinha estado observando um vídeo de Erickson que temos nos arquivos da Fundação, no qual, durante uma hora, não faz nenhum metacomentário direto sobre o paciente. Erickson fazia terapia sem fazer metacomentários diretos, nenhum durante uma hora! Ao me dar conta disso, disse a mim mesmo: "Que fabuloso! Vou tentar fazer o mesmo. Com o primeiro paciente que vier depois do suco de laranja, não vou metacomunicar durante uma hora". Tentei e só durou cinco minutos. Pareceu-me impossível fazer psicoterapia desta maneira porque estava muito contaminado por meus anos de treinamento. Quando não metacomunicamos, fazemos uma terapia vivencial e isto é a psicoterapia ericksoniana. É a psicoterapia da experiência. Está enfocada em *criar* experiências para que o paciente perceba seus recursos internos. Atualmente, meu desafio frente a mim mesmo é, em cada sessão, criar uma experiência. Minha limitação é que não consigo passar toda uma hora de terapia criando experiências.

A terapia é melhor quando se torna a psicoterapia da experiência porque muda seu enfoque para *como*, *como ser diferente*. As experiências têm como imperativo *ser diferente*. O imperativo das metacomunicações é *por que*, *por que está como está*. O imperativo da metacomunicação é *entender*. O terapeuta e o paciente se encontram aí para compreender. O imperativo da psicoterapia da experiência é "você e eu estamos aqui para que você seja diferente, através destas vivências" [4]. Parece-me que esta é uma

[4] "Diferente" em relação a como ele mesmo é no momento atual, que ele considera problemático. Não diferente aos demais no sentido da esquizofrenia. (Nota de Teresa Robles.)

verdadeira revolução na orientação da psicoterapia, muito difícil de se conseguir.

Se vocês observarem os vídeos de Erickson, poderão ver horas de terapia sem metacomentários diretos. Certamente que há metaperspectivas. A metaperspectiva é o objetivo que o terapeuta quer alcançar, podendo se comunicar de forma indireta.

Agora, vamos brincar um pouco, mentalmente, com diferentes estilos de psicoterapia. Imaginem um paciente que entra num consultório e diz algo. Por tradição, o papel do terapeuta é fazer um metacomentário de acordo com suas próprias lentes, de acordo com a orientação teórica que lhe tenha sido implantada através de sua formação. Coloquemos, ao acaso, que as lentes do terapeuta são da psicanálise. De uma forma caricaturada, se o paciente entra e diz: "Está um dia magnífico", o psicanalista põe-se a pensar: "O que ele quer realmente?" O paciente entrou e disse: "Está um dia magnífico" e o psicanalista diz: "Ora! Me pergunto porque está falando comigo de forma tão familiar? Talvez esteja me confundindo com uma figura significativa da sua infância. Talvez esteja me confundindo com seu pai". As lentes da psicanálise levam a examinar a transferência. Quem traz essas lentes observa a comunicação, encontra a distorção transferencial e faz um metacomentário para corrigi-la.

Se esse paciente vai ver um analista transacional, as lentes são diferentes. O paciente entra e diz: "Está um dia magnífico". O analista transacional responde: "Vamos conversar de adulto para adulto". E pensa ou diz: "Está me vendo desde seu estado de pai; eu sei qual é seu padrão de interação, que vem do passado; encontramo-nos em uma transação cruzada que conecta com o padrão de seus sentimentos negativos, de como se sente machucado. Podemos dizer que se encontra dentro de um jogo no qual pede: chute-me e que é parte da história de sua vida, na qual é um perdedor. Assim, conversemos direito". A lente da análise transacional é a análise estrutural e esta se transforma na meta da terapia.

Se o paciente vai ao terapeuta gestáltico, entra e diz: "Está um dia magnífico". O terapeuta pensa: "Ora! Esta é uma gestalt incompleta" e lhe diz: "Seja o dia", "ponha o dia sobre a cadeira", "ame a si mesmo", "seja você mesmo", "fale com o dia". Neste caso, a meta é trazer à consciência gestalts incompletas para fechá-las.

O terapeuta escuta o que diz o paciente e, de acordo com as lentes que utiliza, extrai "o que está por detrás" e depois metacomunica. Alguém que trabalhe com terapia racional emotiva fixará sua atenção nas falsas crenças; um terapeuta familiar verá regras ou segredos familiares e depois fará metacomentários sobre estes.

Erickson afirmava que, se o paciente é capaz de dizer uma só coisa com tantos significados, o terapeuta deve ser tão engenhoso e esperto como ele e conseguir respondê-lo com uma só coisa que também tenha muitos significados. Assim, em lugar de selecionar uma parte da comunicação, o terapeuta utiliza a comunicação em múltiplos níveis, já que sempre nos comunicamos desta maneira. E então, a terapia se converte em uma espécie de cortesia: o paciente fala em muitos níveis, o terapeuta fala em muitos níveis.

As pessoas, em geral, não gostam que lhes façam metacomentários sobre seus processos e seu comportamento, ainda que sejam positivos. Sentem-se mal, agredidas.

Erickson nunca os fazia de forma direta, de forma indireta talvez, mas diretamente não. Quando alguém se move de um nível para outro e metacomunica de forma indireta, vai-se criando uma experiência e o paciente precisa se encher de energia para processá-la. É uma forma diferente de ver as coisas. A terapia se converte numa maneira de utilizar o que o paciente faz. Se este se comunica em múltiplos níveis para ser ineficiente, o terapeuta lhe responde em múltiplos níveis para ser eficiente. Quando falamos de *como embrulhar para presente*, veremos técnicas de comunicação múltipla que nos ensinam como nos encontrar com o paciente em seu próprio nível de experiência para nos unir a ele mais do que para enfrentá-lo, interpretá-lo e explicar a ele.

2
Como Tirar as Medidas: Primeira Parte
Categorias Diagnósticas de Zeig

Um diagnóstico é, em geral, uma descrição psiquiátrica que nos diz o que a pessoa *é*, mas não nos indica o que fazer com ela.

O diagnóstico deve ser um plano de tratamento, um plano de ação. Uma vez que o temos, funciona como a sinalização na estrada: nos diz como viajar. O diagnóstico é como a sinalização na estrada.

Na psiquiatria tradicional, podemos diagnosticar alguém como 395.6 de esquizofrenia paranóica. Isto nos diz *o que é*. Mas se o rotulamos com essa etiqueta médica, o que podemos fazer? A única coisa que nos cabe é lhe dar antipsicóticos, porque estamos considerando que se trata de um problema físico (médico). Se vocês fazem um diagnóstico de depressão, este não lhes mostra o que fazer. Simplesmente receitam antidepressivos porque há uma enfermidade dentro desse paciente. O diagnóstico em termos tradicionais é um diagnóstico médico.

Ao contrário, se vocês dizem que um esquizofrênico é uma pessoa muito bem treinada a fazer coisas diferentes, a meta da terapia pode ser fazer surgir do interior do paciente estratégias para fazer coisas similares, que concordem umas com as outras, e inclusive também estratégias para fazer coisas discordantes. Quando fazemos diagnósticos mais de acordo com o senso comum, sabemos o que temos a fazer. Portanto, vamos criar uma estrutura de diagnóstico que nos ajude:

1) como a sinalização na estrada, que nos diga como conduzir a terapia;
2) como um recurso, porque com esta mentalidade de utilização qualquer coisa que o paciente trouxer é um recurso. De fato, o paciente se apresenta como um "presente". Ele nos traz um problema que podemos aceitar como um presente. Ele nos traz seu sintoma que também podemos aceitar como um presente. O diagnóstico deve ser um recurso que podemos utilizar;
3) também pode ser uma maneira de motivar o paciente.

Vamos utilizar nosso diagnóstico para *fazer* a terapia *sob medida*. Se sabemos, por exemplo, que este paciente faz coisas diferentes e este outro, coisas que não correspondem, e aquele faz o que corresponde, nossas intervenções com cada um deles têm que ser distintas, porque têm estilos psicológicos e de relações interpessoais diferentes. Assim, usamos o diagnóstico de três formas: como a sinalização na estrada, como um recurso e como uma motivação. Pouco a pouco irei explicando-lhes cada uma delas.

Por agora, proponho um exercício que poderão fazer em duplas, para começar a pensar no diagnóstico a partir deste ponto de vista. Elejam um companheiro. É melhor se não o conhecerem. Um de vocês vai representar o papel de terapeuta e o outro o de paciente. O trabalho que o terapeuta realizará é o de escutar para fazer um diagnóstico. Não é de intervir. O trabalho do paciente será contar uma história, uma história verdadeira, uma história agradável, sobre sua própria infância. Uma história que pode tratar das festas de Natal, de quando ia à escola, de quando visitava alguns parentes, uma história agradável de cinco minutos. Isto é parecido ao que acontece na terapia: o paciente chega e nos conta uma história sobre seu passado. Nosso papel como terapeutas é diagnosticar sua estrutura atual, os padrões que existem agora no paciente. E o terapeuta pode escutá-lo, tendo em mente estas perguntas: Que coisas valoriza? Que posições toma?

Entretanto, vamos empregar uma série de categorias para determinar quais são os valores do paciente. Estas categorias podem ser, por exemplo: frio e quente. O terapeuta tem que diagnosticar se essa pessoa tende mais a ser quente ou ser fria. Peço aos que vão desempenhar o papel de terapeutas que tratem de diagnosticar se a outra pessoa tende a ser alguém quente ou alguém frio. Para tornar o exercício um pouquinho mais interessante, não vou dizer aos terapeutas com que outras categorias vão diagnosticar, até que tenham terminado. A única coisa que têm que fazer é escutar, poderiam fazer perguntas, mas não vale a pena porque não vão saber o que perguntar, já que não vão conhecer as categorias até que terminem de escutar. É importante que não conheçam a outra pessoa para que não tenham idéias preconcebidas. Sentem-se de costas um para o outro, de modo que os terapeutas não possam ver os pacientes e tenham só informações auditivas. Este é um exercício para desenvolver as habilidades do terapeuta, que deverá escutar com muita atenção. Como estará privado de sua visão, poderá utilizar melhor seu ouvido para apreender os padrões do paciente. Vamos fazer o exercício só uma vez, sem trocar papéis. Tudo que têm que fazer é: moverem suas cadeiras, encontrarem alguém com quem trabalhar, sentarem-se de costas e depois o paciente conta uma história agradável de cinco minutos sobre sua infância e o terapeuta só o escuta. Podem tomar notas. Eu lhes aviso quando der cinco minutos.

Depois de cinco minutos.

Agora vamos revisar as categorias diagnósticas e, em seguida, cada um, o terapeuta e o paciente, escreva o que consideram verdadeiro do paciente de acordo com elas.

Para começar, temos categorias intrapsíquicas. As primeiras são perceptuais. Têm a ver com a forma com que cada pessoa percebe o mundo imediata e inconscientemente. Têm a ver com seu estilo de atenção. A maneira como uma pessoa dirige sua atenção pode ser diagnosticada de duas formas: Este paciente é mais interno ou mais externo no que se refere a estilo de atenção? Uma pessoa externa, isto é, uma pessoa com um estilo de atenção mais externa, põe toda sua atenção no meio ambiente. Está bastante interessada sobre tudo que acontece ao redor. Está com sua vista, seu ouvido e seu tato voltados para fora. Uma pessoa interna está mais voltada aos processos internos: fantasias, sonhos, sentimentos, o interno. A pessoa externa parece um gato observando. A pessoa interna parece uma tartaruga, está para dentro. E, certamente, se se casam uma com a outra isto vai causar algumas dificuldades.

Vocês julguem em que lugar dentro deste continuum está o paciente. Algumas pessoas são extremamente internas. Tive um supervisor junguiano que é a pessoa mais interna que conheci. Estava interessado em observar sua psiquê e aprender sobre todos os pequenos detalhes e ângulos de sua mente. Se lhe perguntassem que cor eram os olhos de sua esposa, provavelmente não saberia, porque era informação externa e ele estava interessado no mundo interior. Por outro lado, Erickson era a pessoa mais orientada ao exterior que conheci. Dirigia toda sua vivacidade ao mundo, para fora. Esta é uma estratégia extraordinária para conseguir certas coisas. Por exemplo, se têm dor, qual estratégia de atenção é melhor? Ser interno? Não, ser externo. Mas se querem pensar em coisas criativas é muito bom poder ser interno. Portanto, o importante não é se manter no centro, sem ter flexibilidade para se mover de um lado a outro de acordo com as necessidades da tarefa que se tenha naquele momento. Entretanto, a maioria das pessoas tende a ficar um pouquinho mais de um lado ou um pouquinho mais de outro.

Vamos diagnosticar Zeig. Pensem vocês se meu estilo de atenção tende a ser mais interno ou mais externo. Quem vota que tenho tendência a ser mais interno e quem vota que tenho tendência a ser mais externo? Qual é sua impressão sobre mim? A impressão que Zeig tem sobre Zeig é que é interno. Vocês podem me observar como externo porque quando estou ensinando me movo até o extremo externo. Estão me observando num cenário em que me movo mais para fora. É trabalhoso para mim fazer isto, sinto que tenho que me pressionar. Quando há uma pausa na ação e lhes peço que façam um exercício, me volto para mim mesmo e me divirto com meus pensamentos e minhas fantasias. Tenho tendência a ser mais interno.

Quando fui visitar Milton H. Erickson em 1973, eu era muito interno. E acredito que Erickson me contou muitas histórias e me fez realizar muitas tarefas que me orientaram a ficar mais atento ao exterior. Quase como se fossem sinais, placas na estrada. Sua psicoterapia começou onde eu estava, no extremo interno e ia se movendo até o externo, de forma que a hipnose e as tarefas, as diretivas, os desafios, as metáforas que utilizou comigo, eram dirigidas para o lado externo, como a sinalização na estrada. Estou me adiantando um pouco no que vou apresentar. Por agora, a única coisa que me interessa é que façam um diagnóstico, com base nesta pouca informação. Como vêem esta pessoa? Muito interna? Um pouco interna? Um pouco externa? Muito externa?

A segunda categoria também tem a ver com a atenção e se refere a se a pessoa tem um estilo de atenção focada ou difusa. Uma pessoa focalizada só olha uma coisa de cada vez, focaliza uma só coisa, muito intensamente, como um raio laser. O laser focaliza tudo. Uma pessoa difusa olha ao redor, percorre com o olhar, toma umas coisas daqui, outras de lá, de mais à frente, um pouco de todos os lados. Tem uma orientação difusa. Do ponto de vista de Zeig, Zeig tende a ser um pouquinho difuso em sua orientação. Erickson, pelo contrário, era uma pessoa extraordinariamente focalizada. Sintonizava-se intensamente em um ponto. Quando se encontrarem com pessoas diferentes, poderão perceber que algumas têm a atenção muito focada em vocês e outras parecem mais distraídas. Eu tenho tendência a ser difuso em meu estilo de atenção.

Parece-me útil aos terapeutas conhecer como são conforme estes critérios, que posição ocupam dentro destes *continuums*, mas acredito que aos pacientes não é útil saber isso. Eu não metacomunico estas categorias. Não digo aos pacientes: "Você é externo. Você é um sujeito focalizado". Isso é metacomunicação. Eu utilizo essas categorias para orientar minha terapia. E, além de usá-las como sinais na estrada, como recursos e como meio para motivar, utilizo-as para descrever como a pessoa fabrica o problema. Esta é uma quarta forma de utilizar o diagnóstico. As categorias vão nos proporcionar informação explícita sobre como essa pessoa fabrica o problema. Vamos voltar nesse ponto mais adiante.

A categoria perceptual seguinte se refere ao sistema sensorial que o paciente emprega com maior freqüência.

Com qual de seus sentidos esta pessoa prefere obter informação sobre o mundo? Este paciente se informa, basicamente, de maneira visual, auditiva ou cinestésica? Há quem receba informação sobre o exterior através de seus olhos. Esse é seu sentido fundamental. Outras pessoas preferem usar seus ouvidos para obter informação sobre o mundo. Outras preferem usar seu corpo. Podemos perguntar o que é que a pessoa prefere? Com qual de seus sentidos obtém mais informação sobre o mundo? O que vocês escutaram durante o exercício? Que coisas do que escutaram lhes fazem pensar que essa pessoa é visual? Que coisas do que escutaram lhes fazem pensar que esse paciente é mais cinestésico? Têm que usar seus ouvidos. O que escutaram que lhes permite dizer que essa pessoa é interna? O que escutaram para afirmar que é focalizada?

Depois das categorias perceptuais temos duas categorias sobre o processo de elaboração. A elaboração é um pouco mais consciente. A percepção é um pouco mais inconsciente. A elaboração é, uma vez que percebemos algo, o que fazemos com essa percepção? Como a modificamos? A elaboração pode ser linear ou em mosaico. Uma pessoa linear processa as coisas seqüencialmente. Uma pessoa em mosaico elabora as coisas processando um pouquinho disso, outro pouquinho daquilo. Como é Zeig neste sentido? É uma pessoa mais linear ou uma pessoa de atenção mosaica? Zeig é mais linear, porque Zeig diz: "Há cinco critérios diagnósticos: três sobre a atenção, dois sobre o processo de elaboração". Move-se e apresenta as coisas numa forma muito linear. Erickson, pelo contrário, era uma pessoa muito em mosaico. Erickson não organizava conferências e congressos, não escrevia livros. Erickson fazia um pouquinho disso, outro pouquinho daquilo, outro pouquinho daquilo outro. Nessa categoria temos linear versus mosaico.

A outra categoria é ampliador versus redutor. Um ampliador olha um rato e vê um elefante. Um ampliador amplia tudo que observa. Se, por exemplo, escutam um ranger do giz no quadro negro, os ampliadores que estão no local exclamam: "Ihhrr!", porque ampliam a sensação. Um redutor olha um elefante e vê um rato. E estas pessoas se casam umas com as outras, especialmente se se casam jovens. E isso, que ao iniciar a relação parecia o atrativo de cada um, tão encantador, se converte na causa de uma enorme quantidade de problemas. Cada um desenvolve uma alergia terrível ao estilo do outro, a ponto de não se suportarem. Mas não estou aqui para fazer metacomentários. Não lhes digo: "Você é um ampliador e você um redutor", mas sim utilizo esta informação de diferentes modos.

Vou lhes dizer, em breve, como usar estas categorias, mas antes, quero que terminem o exercício fazendo seu diagnóstico. Os pacientes diagnosticam o que crêem ser verdadeiro de si mesmos nestas cinco categorias. Os terapeutas diagnosticam o que crêem ser verdadeiro em seus pacientes. Entretanto, o que o paciente acredita não é necessariamente certo, porque nós não somos os melhores juízes de nosso próprio caráter.

Assim, terapeutas, quero que digam a seus pacientes o que escutaram. O que escutaram que os levou a pensar que essa pessoa era interna ou ampliadora ou linear? E, em seguida, comentem entre si, retroalimentando-se. E diagnostiquem uma coisa mais: qual das cinco categorias está mais desequilibrada. Isto é importante porque não podemos dar atenção às cinco quando estamos fazendo terapia. É muito. Mas podemos trabalhar com uma ou duas. Escolham a que vocês acreditam estar mais desequilibrada. Podem dizer, por exemplo: "Esta pessoa é um pouco externa, um pouco focalizada, mas muito visual". Isso é o que mais ressalta e falem isso ao paciente para ver se estão de acordo. Assim vocês terão os cinco pontos de informação para fazer o diagnóstico, mas só um é realmente importante: o que está mais desequilibrado. Tomem alguns minutos com seu parceiro, façam o diagnóstico, comentem sobre ele mostrando o que foi que escutaram que os levou a essa conclusão. Depois deste exercício, vou lhes dar informação sobre a forma como podem usar estas categorias: sinalização na estrada, um recurso, uma motivação e uma maneira de descrever a forma na qual o paciente constrói o problema.

3
Como Fazer a Terapia sob Medida com as Categorias

Vocês descobrem, por exemplo, que uma pessoa tem a sua atenção mais orientada para o interior. Como vão usar esta informação? O mais fácil é se aproximar do paciente a partir de seu próprio ponto de referência. Esta é uma lei fundamental da terapia ericksoniana: aproximar-se de cada indivíduo a partir de seu próprio ponto de referência. Portanto, podem iniciar a terapia no pólo interno e, pouco a pouco, começar a se mover para o externo.

Retrocedamos um momento. Suponhamos que têm um paciente que sofre de depressão. Se sofre de depressão e assim for diagnosticado, o que podem fazer? Dar-lhe medicamentos, já que tem uma enfermidade. Mas se vocês partem do princípio de que esse paciente está mais voltado para o interior, o senso comum lhes diz que o que devem fazer é ajudá-lo a ser mais externo.

Já sabemos qual é nossa meta: ajudar o paciente a ser mais externo. Agora temos que encontrar um meio de alcançar esta meta. Temos que pensar que forma de comunicação vamos utilizar. Por exemplo, posso dizer a mim mesmo: "Vou usar uma sugestão pós-hipnótica complexa". Dirijo-me ao paciente e lhe digo: "Em algum momento durante a semana... talvez quando entrar no carro... você sabe como... quando você entra no carro... se sente confortável... agradável..., como se estivesse num casulo... e você se sente tão bem de estar num lugar tão familiar... em seu carro... e você fica aí dentro". O que estou fazendo? Estou me aproximando do paciente no seu ponto de referência, no interno. Continuo: "Em algum momento, quando você estiver dentro de seu carro esta semana... talvez haverá algo que você faça com a chave... como colocá-la na ignição para ligar o motor... ou talvez... quando tocar o volante e passar a marcha em sua frente... então... de repente... você olhará para fora e verá umas nuvens... E você sabe como se sentia quando era menino e costumava deitar na grama e olhar as nuvens... e via caras e animais nas nuvens... e que lindo era... bom... conte-me quando aconteceu isto em algum momento da semana". Desta maneira estou orientando-o do interno para o externo. Somente esta intervenção não vai curar um paciente deprimido. Entretanto, vai se estabelecer um momento, preparar um processo que começa a se mover nessa direção de maneira construtiva. Porque sabemos que todo paciente deprimido tem muitas experiências sobre como estar atento ao exterior e a única coisa que temos que fazer é dar condições a ele para que faça surgir esses recursos. Dessa forma, começamos no ponto em que o paciente se encontra e nos movemos na direção oposta.

Consideremos, ao acaso, que têm agora um paciente muito voltado para o exterior. Em que categoria psiquiátrica estaria situado um paciente muito voltado para o exterior? Os pacientes sociopatas são muito externos em sua orientação. Os paranóicos também. Estas são as duas categorias principais. Os pacientes obsessivos podem ser externos às vezes, assim como os fóbicos e alguns histéricos. Mas os paranóicos e os sociopatas, com suas atuações, estão muito voltados ao exterior. Pelo contrário, os pacientes deprimidos, psicossomáticos e que sofrem de dor, estão muito voltados para o interior.

Se vocês sabem que o paciente é externo, podem utilizar um pouco de hipnose. Se conseguem que um paranóico feche seus olhos, se volte para dentro de si mesmo e então viva sensações placentárias, estão fazendo uma terapia muito boa. Mas isto é muito difícil, porque em grande parte a defesa da paranóia é ser externo, de modo que vocês precisam movê-lo muito lentamente: levar o paciente, pouco a pouco, a aprender algo sobre a comodidade interior, a se voltar para dentro de si mesmo e se sentir bem. Vimos que as categorias diagnósticas são como a sinalização na estrada. Elas lhes mostram para onde orientar a terapia, como fazê-la sob medida.

Agora vejamos como usar estas categorias como recursos. Vocês podem, por exemplo, felicitar o paciente por estar tão atento ao mundo exterior. Podem também pensar em todas as possibilidades dele utilizar essa capacidade e assim conotá-la positivamente. Deste modo transformá-la em um recurso.

Suponhamos que querem utilizar estas categorias para produzir uma motivação. Como podem usar a posição que o paciente toma para motivá-lo? Bem, se é externo, as coisas externas são motivadoras para ele. Se é interno, as coisas internas o motivam. Isto tem a ver com a palavra *porque*. *Porque* é uma das palavras mais importantes na linguagem de influência. Permitam-me desviar-me um instante para lhes falar da importância da palavra *porque*.

Vou lhes contar sobre um experimento de psicologia social que se baseava no engano. Havia uma máquina fotocopiadora e uma fila de estudantes esperando sua vez para tirar fotocópias. O experimentador, um estudante selecionado, chegava e perguntava: "Permitam-me passar na frente para tirar estas cópias?" Uma porcentagem das vezes, talvez 40%, lhe permitiram passar a frente. Ele pegou esta porcentagem como medida de base e repetiu o experimento trocando seu enfoque. Dizia: "Posso passar a frente porque meu professor precisa das cópias imediatamente?" Deixavam-no passar 85% das vezes. Tentou uma terceira vez, com este novo ponto de referência. Agora o estudante dizia: "Posso passar à frente para tirar umas cópias porque a lua está em escorpião e meu ascendente é leão?" Permitiram-lhe pular a fila e tirar as cópias 85% das vezes. Era quase como se a palavra *porque* fosse mágica. Não importava o que se dissesse depois do *porque*. Na medida em que as pessoas sentiam que havia uma razão, aceitavam, mas caso sentissem que não havia uma razão, não aceitavam. Eu não acredito que se trate exatamente de fazer isso, mas se vocês apresentam a motivação sob medida têm mais chances de que as pessoas aceitem suas sugestões. E se vocês sabem que posição toma essa pessoa, podem usá-la como motivação.

Imaginemos que vocês queiram que um paciente venha à terapia de família. Se é uma pessoa interna, podem lhe dizer: "Quero que traga sua família na próxima vez porque realmente vai se sentir muito bem de saber que pode fazê-lo". À pessoa externa podem lhe dizer: "Quero que traga sua família à terapia porque todos vão vê-lo de forma positiva". A motivação que estão dando encaixa perfeitamente na posição que o paciente toma e, portanto, está feita sob medida para seu estilo individual.

Já aprendemos a usar as categorias diagnósticas como sinais na estrada, como recursos e como motivação para fazer o tratamento sob medida. Um pouco depois lhes darei o quarto ponto, que é uma forma de dividir o problema em pequenas unidades para que possam ser trabalhadas com facilidade.

Algumas pessoas tendem a ser muito focalizadas. Erickson tinha tendência a ser uma pessoa muito focalizada. Consideremos, por exemplo, que vocês têm uma pessoa que é sociopata. Uma pessoa que é sociopata pode usar a estratégia de ser externa e difusa. Chega a um lugar e corre tudo com os olhos. Ela está vendo o que ocorre ali. Uma pessoa histérica pode usar a estratégia de ser externa e focalizada. É um padrão um pouquinho diferente. Um deprimido pode ser interno e focalizado e uma pessoa esquizóide poderia ser interna e difusa. Ser esquizóide é uma boa estratégia para ser interno e difuso. Mas se vocês dizem: "Esquizóide", isto não lhes indica o que fazer, ao contrário, se disserem: "Esta pessoa é interna e difusa", pode ser que a meta seja torná-la mais externa e focalizada. E uma vez que diagnosticaram que posição toma o paciente, sabem como orientar a terapia.

Vamos fazer um intervalo. Mais tarde seguiremos com outras categorias. Já vimos as intrapsíquicas; depois do almoço, faremos outro exercício com categorias interpessoais e sociais, e assim teremos um diagnóstico mais completo. Veremos também como podemos usá-las como recursos, sinais de estrada, motivações e para dividir o problema em pequenas partes e, assim, resolvê-lo.

Depois do almoço.

Vamos falar do sistema sensorial que cada pessoa prefere. Isto é especialmente importante em programação neurolingüística, já que muitas de suas estratégias estão baseadas em usar e manipular aspectos do sistema sensorial mais relevante. Quando estão escutando um paciente, como podem saber se enfatiza o sistema visual? Dando atenção aos predicados de seu padrão de linguagem. As pessoas mais visuais se expressarão com frases como: "A forma que eu vejo isto... meu ponto de vista... minha perspectiva é..." As pessoas que são mais auditivas dirão: "Isto me soa como... a forma que escuto isto é..." As pessoas que são mais cinestésicas: "Eu sinto como se... meu sentimento é... eu tomo as coisas desta maneira". E são mais físicas. Também podem dar uma olhada no lugar onde estão e obter informações sobre se as pessoas são mais visuais, mais cinestésicas ou mais auditivas, pela forma que se sentam e se orientam para o que está acontecendo. Num desentendimento clássico entre um terapeuta que é cinestésico e um paciente que é visual, o paciente diria: "Bem, este é meu ponto de vista" e o terapeuta responderia: "Bem, e como o sente?" Vão em direções diferentes. Erickson, que era visual por natureza, trocava seus padrões para entrar em acordo com o estilo da pessoa com quem estava trabalhando. Isto é bom para a hipnose. Também é bom para a terapia.

Voltando para o modo como se processa a informação, este pode ser de forma linear ou em mosaico. Erickson contava que ele e a Sra. Erickson tinham o costume de esconder os ovos de Páscoa para seus filhos. Seu filho mais velho, Bert, encontrava todos os ovos que seu pai escondia. E o segundo, Lance, encontrava todos os da mãe. Erickson dizia que ele pensava: um pouquinho disso, outro pouquinho daquilo e que, em troca, a Sra. Erickson pensava: um, dois, três, quatro, seqüencialmente. Ela era mais linear e ele mais tipo mosaico. E um dia, quando o filho mais velho, Bert, tinha uns oito anos, ele começou a encontrar todos os ovos que sua mãe escondia. Erickson lhe perguntou: "Como você faz, Bert?". E ele respondeu: "É muito fácil, papai, só penso onde mamãe os esconderia". De modo que, se estamos trabalhando com alguém que é muito linear, lhes damos uma compreensão linear. Consideremos que vocês querem fazer hipnose, que essa é sua meta e que estão trabalhando com uma pessoa linear. Como podem motivá-la? Digam-lhe: "Vamos fazer hipnose, por três razões: uma... duas... três..." Se estão fazendo indução de uma pessoa linear, talvez lhe possam sugerir: "Relaxe sua cabeça... relaxe seu pescoço... relaxe seus ombros... relaxe seu peito..." linearmente. E depois, de forma gradual, começam a se deslocar para um estilo mais mosaico: "E à medida que relaxa, não precisa trazer sua atenção aos sons deste quarto... ao que sente tendo os pés apoiados sobre o chão... à posição de seu pescoço... às sensações de conforto que permanecem... às imagens de sua mente..." e assim, gradualmente, vão se voltando mais para o tipo mosaico na sua forma de induzir. Este foi só um exemplo, mas na realidade a transição deve ser mais suave. Começar a trabalhar no lado linear e muito lentamente, pouco a pouco, ir passando para o estilo mosaico. Ou vice-versa, começar com o estilo mais em mosaico e ir se deslocando, bem lentamente, até o linear.

Vejamos agora ampliador e redutor. Qual é a diferença entre um ampliador e um redutor? A grosso modo, a diferença é que um ampliador cresce na Itália e um redutor na Suécia. É também uma diferença de estilo. Digamos, por exemplo, que querem apresentar a hipnose a um ampliador, como fazem? Digam-lhe: "Vamos fazer hipnose! Vai ser a experiência mais fantástica e maravilhosa que já teve em sua vida!". Mas se estão apresentando a hipnose a um redutor: "Olha, vamos fazer hipnose, provavelmente haverá duas ou três coisas que, quem sabe, lhe interessem um pouquinho... e alguma vez no futuro... sob certas circunstâncias..." Se ajustam ao estilo do indivíduo. Isto funciona muito bem na terapia de casal, porque modelo diante deles e falo ao ampliador com qualificativos ampliadores: muito, enorme, o máximo e com grandes gestos e trejeitos. Depois falo ao redutor e utilizo qualificativos redutores: de alguma maneira, um pouquinho, mais ou menos, ao mesmo tempo em que faço trejeitos e gestos pequenos. Desta maneira, estão falando com a pessoa na sua própria linguagem experiencial; estas categorias nos permitem falar com o paciente em sua linguagem experiencial. Isto é crucial, muito importante. É a quinta razão para utilizar estas categorias diagnósticas: como recursos, sinalização, motivação, para saber como dividir o problema e para lhe ajudar a falar na linguagem experiencial do paciente. Isto é muito importante. Se vocês querem chamar minha atenção, podem me falar de psicologia. Esse tema atrai minha atenção porque é minha linguagem experiencial, faço isso todos os dias. Mas se vocês querem captar minha atenção de verdade, podem falar sobre voar, ser piloto de asa delta, porque esse é meu hobby, e assim atrairiam com certeza minha atenção. Mas se conversam comigo sobre a escola oficial onde estudei em Nova York, e me falam concretamente dos pátios ou da cidade, captariam minha atenção ainda mais porque estariam falando na linguagem de minha juventude, que na realidade é a linguagem de minha própria experiência.

O que tentamos fazer como terapeutas é investigar o mais prontamente possível a linguagem experiencial do paciente e utilizá-la.

Voltemos ao tema anterior, podem se perguntar o que foi que escutaram que lhes permitiu saber que essa pessoa era redutora; o que escutaram que lhes permitiu saber que era ampliadora; o que escutaram que lhes permitiu saber que era visual. E podem começar a utilizar rapidamente essas distinções. Não precisam ter muita informação sobre o comportamento de alguém, só uma pequena conversa com ele para dar conta de suas características. E essas características são estruturais. Desta maneira, vocês se deparam com estruturas que pertencem ao momento atual e não o que estas significam nos termos da dinâmica do passado do paciente. De uma história sobre o passado, extraem e definem as estruturas que existem atualmente, estruturas que podem utilizar. Não podemos mudar o passado, mas podemos, sim, utilizar o que existe neste momento para abrir a porta e construir um futuro positivo.

Nosso diagnóstico se baseia no *agora*. Quais são as estruturas que existem *agora*? Como podem ser utilizadas para assegurar que o futuro seja efetivo e adaptado?

Bem, como foi o exercício de adivinhar as diferentes características do paciente? Espero que tenha sido fácil. Vamos fazer um segundo exercício para praticar novas categorias que, neste caso, vão ser categorias sociais e interpessoais, relacionais. Este diagnóstico leva em consideração tanto as forças intrapsíquicas como as interpessoais.

Novamente, vou lhes pedir que trabalhem em duplas, onde uma pessoa é o paciente e a outra o terapeuta. A tarefa do paciente é contar uma história, uma história real de sua própria infância, uma história agradável, uma história que tenha a ver com crescer, ou uma história que trate da época de Natal, ou uma história sobre visitas familiares. A tarefa do terapeuta será escutar a comunicação do paciente com atenção e determinar uma nova série de categorias diagnósticas. Mas, para tornar este trabalho mais interessante, vou adicionar algumas complicações. Em primeiro lugar, quero que procurem alguém que não conheçam e que não tenha trabalhado com vocês no exercício anterior. Neste momento, vão se sentar cara a cara. Na primeira vez, se sentaram de costas. Sentem-se um de frente para o outro, decidam quem será o terapeuta e quem será o paciente. Não importa se for as duas vezes o paciente ou as duas vezes o terapeuta, porque vão trabalhar com algo novo. Então movam suas cadeiras, sentem-se frente a frente, determinem seus papéis: quem é paciente, quem é terapeuta e esperem a instrução seguinte.

Quando todos já tinham tomado seus lugares.

Para tornar as coisas mais interessantes, quero que o paciente conte sua história ao terapeuta de uma maneira quase imperceptível, sussurrando. O paciente vai contar sua história em sussurros, sem permitir que saia uma única palavra de sua boca. Vão contar a história assim: (sussurra) Certo? Isto é muito importante porque, à medida que vocês praticam técnicas como a hipnose, como contar histórias, é necessário aprender a falar e a observar ao mesmo tempo.

Vamos utilizar nossos olhos para obter toda a informação necessária, de modo que nosso diagnóstico estará baseado só na informação visual. O mais interessante é que tudo o que vocês terão será informação visual. Quando seu companheiro contar a história, observem-no atentamente para que obtenham toda a informação visual. Neste exercício, tenta-se desenvolver a visão, exigindo que se observe detalhadamente tudo para obter pequenas chaves, pequenos comportamentos que nos proporcionem informação valiosa sobre os padrões redundantes dessa pessoa.

Bom, o paciente conta uma história agradável de cinco minutos. Os terapeutas podem fazer perguntas se quiserem, mesmo que não saibam o que poderiam perguntar; assim, ponham somente atenção. Os pacientes contam sua história, observem, terminem e aplicamos uma nova série de categorias diagnósticas. Podem começar.

Cinco minutos depois.

Lamento ter que interromper histórias interessantes, mas vamos continuar. Vamos trabalhar com categorias perceptuais, de processamento e de relação.

A primeira coisa que têm que diagnosticar agora é a estrutura familiar deste paciente. É o filho mais velho ou único, é um dos filhos do meio ou o caçula? Três categorias: mais velho, único, do meio ou caçula. (Risos nervosos). Os terapeutas escrevem o que acreditam sobre o paciente e os pacientes o que sabem deles mesmos.

A segunda é: Cresceu em um ambiente rural ou urbano? Passou seus primeiros anos, os de formação, na cidade, no subúrbio, no campo ou em um lugarejo?

Estas duas categorias provêm diretamente de Erickson. Quando chegava um paciente a seu consultório, lhe pedia: escreva seu nome, endereço, telefone, ocupação, escolaridade, estado civil, número de filhos, nomes e idades, número de irmãos e irmãs, nomes e idades, e se cresceram em um ambiente rural ou urbano. Erickson achava muito importante que o terapeuta conhecesse esta informação, depois veremos porquê.

A categoria seguinte se refere outra vez a uma polaridade, como no caso das anteriores. Escrevam se esta pessoa é intrapunitiva ou extrapunitiva.

Uma pessoa intrapunitiva diz: "É minha culpa". Uma pessoa extrapunitiva diz: "É sua culpa". Se uma pessoa intrapunitiva dorme mais do que a conta diz: "Como pude ser tão estúpido?" Mas se uma pessoa extrapunitiva dorme diz: "Por que não me acordou?

Como é possível que esta companhia de relógio não seja capaz de fabricar um despertador!" E novamente, acontece que duas pessoas assim se casam... Uma pessoa intrapunitiva sai do seminário e diz: "Não, eu não posso fazer isto, tem coisa demais para prestar atenção, eu não sou tão inteligente". Uma pessoa extrapunitiva sai do seminário e diz: "É o mesmo que disse Freud em 1937. Ele não me ensinou nada novo". É extrapunitiva.

A quarta categoria tem a ver com absorver ou emitir. As pessoas podem ser absorvedoras, receptoras, ou emissoras, doadoras. Algumas pessoas absorvem energia nas relações interpessoais, são como a lua. Outras são como o sol, dão energia, são doadoras. Estão orientadas a dar, a transmitir energia, enquanto outras tomam, absorvem energia.

A quinta categoria é pesquisador, explorador, versus autoprotetor, isto é, que se mantém à distância. Um pesquisador se move em direção a algo; se há algo novo, tende a mover-se em direção a isso. Uma pessoa autoprotetora tende a retirar-se, a ir para trás, a evitar encontros sociais.

A sexta categoria é dominante versus submisso. A pessoa dominante controla e define a relação. A pessoa submissa simplesmente responde às demandas do outro. A pessoa dominante diz: "Eu vou ser o terapeuta"; a que é submissa, responde. A pessoa dominante diz: "Você vai ser o terapeuta"; a pessoa submissa, responde. O dominante controla e define a relação; o submisso, responde.

Quero que diagnostiquem uma sétima categoria que não tem nada a ver com estas que são relacionais e sociais. É a mesma que usamos no exercício anterior. Determinem se essa pessoa é auditiva, visual ou cinestésica, mas, desta vez, vão fazer seu diagnóstico a partir de informação visual. Só de olhar podem determinar se é mais visual, mais auditiva ou mais cinestésica.

A oitava é: Qual de todas as categorias está mais desequilibrada? Da categoria três a seis, qual está mais desequilibrada? Esta pessoa é mais intrapunitiva, ou mais absorvedora, ou mais emissora, ou mais pesquisadora, ou mais submissa?

Agora vou lhes fazer uma pergunta maliciosa. Quando fizemos o exercício, quem teve mais informação visual, o paciente ou o terapeuta?... Tiveram a mesma. O paciente não tem porque ter menos que o terapeuta. Quando pedi aos pacientes que contassem uma história, disse-lhes que observassem a pessoa com quem estavam falando, de forma que quero que o paciente também diagnostique o terapeuta, porque teve a mesma quantidade de informação visual.

Temos duas colunas. Em uma, vocês avaliam a vocês mesmos, e na outra, diagnosticam a seu companheiro de exercício. Gastem algum tempo para compararem seus diagnósticos. O paciente não necessariamente sabe a verdade sobre si mesmo. Tem uma crença de como é, mas vocês o vão retroalimentar. Vão lhe mostrar o que foi que viram que lhes fez pensar que era intrapunitivo, o que viram que lhes fez crer que era o filho caçula da família. Depois vou lhes dar mais informação sobre como podemos utilizar estas categorias como recursos, sinalização, motivadores, para dividir o problema em pedacinhos e para falar com o paciente de forma experiencial. Têm dez minutos e depois voltamos.

Passados os dez minutos.

Muito bem, vamos repassar estas categorias e veremos como empregá-las no processo terapêutico.

Em primeiro lugar, a estrutura familiar. Quantas pessoas das presentes são filhos únicos ou os mais velhos? Levantem a mão. Neste caso, é uma porcentagem baixa comparada com o que geralmente espero em um grupo de terapeutas de sucesso, onde a maior parte são filhos únicos ou mais velhos. Os filhos mais velhos ou únicos são os que mandam, estão acostumados a se encarregar das coisas, a cuidar. Aprendem a cuidar dos outros, dos irmãos menores e, às vezes, inclusive, a cuidar dos pais. Por isso, não é raro que elejam uma profissão onde continuem com o papel de ser tomadores de conta. Os filhos mais velhos ou únicos tendem a ser mais intelectuais, mais tímidos, mais tomadores de conta dos demais. Os filhos do meio tendem a ser mais rebeldes, mais amistosos, mais agregados, mais artísticos. Portanto, em um grupo de artistas de sucesso, podemos esperar mais filhos do meio. Os filhos caçulas tendem a ser mais conciliadores, a dividir as diferenças, a ser mais complacentes. Obviamente, estes são dados estatísticos e não regras. Uma vez escutei Paul Watzlawick falar na Associação Psicológica Ocidental sobre estatísticas e pesquisadores. E com seu encantador sotaque provinciano austríaco disse: "Sabem? As estatísticas são como os biquínis, o que ensinam é revelador, mas o que ocultam é crucial". Dessa forma, o que acabo de lhes dizer não é uma verdade absoluta. Se há mais de cinco anos de distância, se há diferenças culturais entre as famílias, as pessoas se comportam de maneira diferente; mas, em termos gerais, podem esperar que se uma pessoa for o filho mais velho, tende a se comportar como alguém que cuida. A esta pessoa podem apresentar uma tarefa dizendo-lhe: "Há algo que quero que cuide". Se estão falando com um filho do meio, podem dizer-lhe: "Quero que se deprima esta semana e tente encontrar uma forma artística de se deprimir." Aí estão se baseando na rebeldia do filho do meio, criando um paradoxo que lhe tira o problema. Aos filhos caçulas podem lhes dizer: "Quero que estejam deprimidos esta semana e que o façam justamente na quinta-feira, das seis às nove da noite". E eles vão seguir sua prescrição porque são de natureza complacente e, ao fazê-lo, tomam o controle sobre sua depressão. Dessa forma, vocês vão modificar sua terapia conforme os antecedentes de cada pessoa. O mesmo acontece com as pessoas de áreas rurais ou urbanas. Se vão fazer uma indução de hipnose em mim, e começam a falar de imagens de campo, isso não me diz nada. Não estão falando minha linguagem experiencial. Mas, se falam promovendo imagens sobre balanços num parque de concreto, vão chegar até mim porque tenho antecedentes urbanos. Estarão falando minha linguagem experiencial.

Qual é a diferença entre uma pessoa rural e uma pessoa urbana? Como podem vocês saber que eu cresci em uma cidade? Se prestarem atenção em minha linguagem, se darão conta de que não escutam metáforas rurais, não uso expressões do campo; se olharem minha forma de vestir, não é um estilo rural; se observarem minhas mãos saberão que estas mãos nunca trabalharam duro e se escutarem meu sotaque, sendo norte-americanos, poderão notar um acento urbano no meu modo de falar.

Pois bem, qual é a diferença entre uma pessoa rural e uma urbana? As pessoas do campo tendem a ser orientadas para o futuro. As pessoas da cidade tendem a ser orientadas para o agora. Se uma pessoa urbana quer um tomate, sai de sua casa e o compra. Uma pessoa do campo prepara a terra, planta as sementes, faz isso no momento adequado, na estação. Erickson era de origem rural e por isso compreendia como as coisas se desenvolviam através do tempo. Uma vez, estávamos comentando um vídeo e no meio da discussão, disse-me: "Jeff, quero que tire uma foto minha com Laura, minha nova neta". Os vinte e seis netos de Erickson nasceram um pouco antes dele morrer. Teve quatro filhos e quatro filhas. Treze netos e treze netas. Isto foi uma das poucas coisas que Erickson fez equilibradas. Posaram para a foto. Ele com Laura em seus braços e a Sra. Erickson e Roxanna, sua filha, paradas a seu lado. Erickson não quis que tirasse a foto até que a Sra. Erickson trouxesse uma escultura de madeira que fora um presente que deu a Laura em seu primeiro aniversário. Era uma escultura de uma coruja, uma corujinha. Então Erickson pegou o bebê e a escultura de madeira e eu pude tirar a foto. Erickson me disse: "Jeff, pense que dentro de dezesseis anos, quando eu já tiver morrido e Laura vir esta fotografia, olhará o bebê e olhará a corujinha de madeira muito menor proporcionalmente e isto vai se misturar aos seus sentimentos de já ser grande, de estar ingressando na faculdade". Assim, esta corujinha de madeira adicionava uma grande quantidade de ingredientes muito humanos a essa fotografia. Vocês se dão conta de como estava associando todos estes recursos através do tempo? Neste caso, Erickson estava sendo um bom agricultor, fazendo uma intervenção agora que só daria frutos depois de dezesseis anos, no futuro. A isso que me refiro quando falo de orientação rural.

Uma vez, uma mulher veio me pedir uma terapia. Seu problema era desmaios. Não era um problema médico, só desmaios. Fazia muitos anos, tinha feito uma terapia com Erickson pelo mesmo problema, desmaios. Perguntei o que tinha feito Erickson na terapia. Fez com que ela e seu marido fossem juntos e depois de umas duas sessões lhes disse: "Divorciem-se, não pertencem um ao outro; seus estilos são muito diferentes". Eles se negaram a se divorciar por motivos religiosos e Erickson lhes disse: "Vocês se negam a se divorciar por motivos religiosos, então... pensaram em ter uma família?" Discutiram por um tempo os planos sobre este ponto. A senhora trouxe à tona seu problema dos desmaios. Perguntei-lhe se havia algo mais que era importante me contar sobre a terapia. E ela respondeu: "Sim, na última sessão Erickson me disse: 'A senhora já não precisa mais de terapia *agora*, mas, em algum momento no futuro, quando estiver pelos quarenta, necessitará. Mas agora já não precisa mais de terapia' ". Quando chegou nesta idade, comunicou-se com a Sra. Erickson, que me chamou e vi esta paciente. Como pôde Erickson predizer que ela necessitaria de mais terapia nessa idade? Seus filhos já tinham saído de casa e esta mulher já não agüentava mais estar sob a pressão do marido tão rígido. Foi uma boa predição de Erickson; estava orientado para o futuro, fazendo uma intervenção que poderia ser útil nos momentos difíceis do círculo familiar. Parece-me que é muito bom para os terapeutas urbanos poder pensar com esta orientação rural.

Intrapunitivo ou extrapunitivo. As pessoas intrapunitivas se culpam. Se têm na terapia alguém assim podem dizer-lhe: "Sua mente consciente pode observar todos os erros que comete, mas sua mente inconsciente não se engana ao desenvolver possibilidades interessantes". Desta maneira, circunscrevem o problema – neste caso, ser intrapunitivo – na mente consciente. O que acontece se encontram uma situação extrapunitiva? Temos estudantes no grupo? O que acontece se têm que redigir sua tese e não conseguem terminar bem? Que papel têm que desenvolver os revisores da tese e depois a banca? Ser extrapunitivos. Os revisores e o jurado não vão dizer: "Pobre estudante, não lhe ensinamos bem, devíamos ter sido melhores professores". O papel deles é de ser extrapunitivos. Se vocês apresentam sua tese com todos os erros gramaticais possíveis: erros de sintaxe, de estrutura, de gramática, os revisores vão se sentir muito bem, porque eles têm que encontrar erros. A pior coisa que podem fazer é entregar uma tese gramaticalmente perfeita, porque então os revisores teriam que ser extrapunitivos sobre o conteúdo ou a estrutura do projeto experimental. E como vocês não querem que critiquem isso, devem oferecer-lhes algo para criticar. A um paciente extrapunitivo, que vai encontrar erros e, portanto, vai ser difícil ele tomar decisões, posso lhe dar uma tarefa e lhe dizer: "Sábado pela manhã, vai ter que tomar uma decisão muito difícil. Quero que vá passear no Pico Squaw" – que é uma pequena montanha de Phoenix, no Arizona, de uns 500 metros de altura e cuja subida implica em uma caminhada de aproximadamente um quilômetro e meio. E lhe digo: "Vai escalar o Pico Squaw no sábado de manhã. Leve uma lata de Coca-cola, uma de suco de laranja, as duas médias, não muito grandes, não muito pequenas, um iogurte e uma colher de plástico. Vai levar uma hora para subir e, em seguida, vai ficar 30 minutos lá em cima. Durante esse tempo, sua mente inconsciente vai tomar a decisão. Leva uma hora para descer e, enquanto desce, sua mente inconsciente vai consolidar a decisão que tomou". E o típico paciente extrapunitivo chega à sessão seguinte e diz: "Não subi essa maldita montanha, não pensava em levar comida, não gosto de iogurte, nunca bebo Coca-cola e não ia passar três horas fazendo uma tarefa tão estúpida e o que decidi foi..."

Se o paciente é extrapunitivo, têm que lhes dar algo para que possa ser extrapunitivo. Têm que satisfazer essa parte de sua personalidade.

Absorvedor ou emissor, doador. Consideremos, ao acaso, que vão fazer hipnose ou terapia familiar com um absorvedor. Digam a essa pessoa: "Vamos fazer terapia familiar, é maravilhoso! Verá como é muito interessante. Não tem que fazer nada. Só se senta, sua família fará todo o trabalho". Se estão fazendo terapia com um doador, digam-lhe: "Vamos fazer hipnose, não sei muito sobre isso, só fui ao seminário de Zeig, tentaremos fazer hipnose e você vai me ajudar a lhe ajudar". Sabem que a orientação destes pacientes é para dar, para gerar energia.

Pesquisador, explorador, ou autoprotetor, que toma distância. É a mesma idéia: "Quero que realmente se movimente na direção desta terapia" ou "Quero que simplesmente sente-se aí e deixe que as coisas aconteçam".

Dominante e submisso. Esta é a categoria mais importante. Vou voltar a ela dentro de uns minutos.

Auditivo, visual e cinestésico. Quando estamos sentados num quarto, algumas pessoas se sentam como se estivessem sentindo o que ocorre ali. Outras se sentam como se estivessem segurando um telefone, como escutando. Outras, como se estivessem observando; obtêm mais informação visual. Somente observando uma pessoa, vocês já fazem uma idéia sobre qual é o sistema que mais utiliza para obter informação.

Na programação neurolingüística, há todo um esquema sobre os movimentos dos olhos para obter esta informação. Se movem os olhos para cima numa direção são visuais e estão construindo, para cima em outra direção, visuais eidéticos, e dependendo de para onde movem os olhos, podem também ser cinestésicos ou auditivos.

Quero lhe citar um filósofo, Santillana, que disse: "Uma pessoa chega com uma boa idéia, outra pessoa tem a certeza de que pode ampliá-la". É uma boa idéia prestar atenção aos movimentos dos olhos, mas não tem que basear toda a terapia na forma em que está trabalhando o cérebro de uma pessoa, de acordo com a direção em que os olhos se movem. Vamos voltar a categoria dominante e submisso, depois de dez minutos de descanso.

Depois do descanso.

A pessoa que está na posição dominante controla e define a relação. A pessoa que está submissa, responde às demandas do que está dominante. Quem está dominante e quem está submisso é algo que se define desde os primeiros segundos da relação. Mas não se define verbalmente. Não é como se uma pessoa dissesse: "Elejo você e, em seguida, me coloco dominante ou submisso". É muito mais rápido do que isso. É como se a pessoa dominante observasse ao redor, procurando, selecionando e, então, a pessoa submissa é definida imediatamente. As posições dominante e submisso se determinam nos primeiros segundos da interação.

Pensemos nisto a partir do primeiro exercício. Vocês sabem se são canhotos ou destros e podem prová-lo? Esta é uma técnica que Erickson usava em seu consultório. Tomem as mãos entrecruzando os dedos. Qual polegar está por cima? Agora, troquem a posição dos dedos passando o polegar que estava por cima para baixo. Como se sentem? Estranho, não é? Algumas pessoas são canhotas e outras são destras, da mesma maneira que algumas são destras na mão, destras no ombro, destras no joelho, destras no olho, etc. O comportamento das pessoas está muito lateralizado. Algumas pessoas, quando lhes dizem para virar a cabeça, fazem para a esquerda ou para a direita. No primeiro exercício que fizeram, estavam de costas e se uma pessoa virar a cabeça para a direita e a outra para a esquerda, não tem problema. Mas consideremos que uma pessoa se vira para a direita e a outra também, uma das duas tem que se ajustar, colocar-se submissa. Aí fica claro quem está dominante e quem está submisso. Estas posições são determinadas muito rapidamente numa relação. Gregory Bateson chamava esta posição de complementaridade. A relação de complementaridade é aquela em que uma pessoa está dominante e a outra submissa. É uma situação estável e não há nenhum problema. O outro tipo de relação é a simétrica.

Uma relação simétrica é uma relação entre iguais e é instável.

Vou lhes dar um exemplo de uma relação simétrica. Duas pessoas, dois psicanalistas, estão falando de relações objetais. Um diz: "Eu estou estudando relações objetais", o outro responde: "Bem, eu estou estudando psicologia do eu", então, "eu estou estudando o trabalho de Margaret Mahler", "pois eu estou estudando o trabalho de Otto Kernberg", "bem, Margaret Mahler escreveu os trabalhos mais importantes sobre identificação projetiva", "pois as mais recentes revisões do conceito de identificação projetiva que Kernberg fez são muito mais importantes", "Mahler mostrou que a identificação projetiva ocorre aos cinco anos", "Kernberg, em seu artigo de 1950, demonstrou que a identificação projetiva toma lugar aos três anos... blá, blá, blá, blá..." É uma relação simétrica entre iguais. Uma relação simétrica pode terminar de diferentes maneiras. Pode explodir: "Você não sabe nada de psicologia do ego", diz um e vai embora. Pode ser bastante volátil, agressiva, e, à medida que as pessoas sobem aos mais altos níveis da disputa, pode chegar, inclusive, a ser perigosa. Uma relação simétrica pode também terminar convertendo-se em complementaridade. Um dos dois vai se colocar submisso: "O que disse Mahler da identificação projetiva?" Se coloca submisso. Duas pessoas fortes que se encontram numa relação simétrica podem ter um controle, como quando em um carro é colocado um controle que impede que se acelere demais. Imaginem que os dois estão discutindo e um deles começa a se mover para acender um cigarro e isso é como um sinal. Nesse momento, deixam de discutir e começam a falar sobre outra coisa, por exemplo, sobre o campeonato mundial de futebol: "Acredito que a Argentina vai ganhar", "não vai não, quem vai ganhar é a Itália", "Argentina tem Maradona" e assim seguem discutindo até que um dos dois pega um cigarro e os dois param de discutir. Pegar um cigarro é como um sinal que indica que já há demasiada tensão. Algumas vezes, quando alguém está fazendo terapia de casal, dá ao casal um sinal. Diz-lhe: "Quando ele (o marido) coça a cabeça, mudem de assunto. Este é um sinal que têm que respeitar". E assim vocês se colocam dominantes e evitam que a simetria termine numa escalada. O que acontece se fazem um metacomentário? O que acontece se viram para o casal e lhe dizem: "Desculpem-me, mas vocês estão fazendo uma escalada simétrica?" O casal os olha e diz: "Escalada simétrica?", "ela está numa escalada simétrica", "eu não" e assim continuam com seu problema com o pretexto que lhes deram. O metacomentário não ajuda em nada. Aqui podem usar tarefas. Isto nos leva à Primeira Lei de Zeig na Psicoterapia. A Primeira Lei de Zeig é: *conduza a terapia até o nível de experiência onde o problema é gerado.* Se o problema é produzido em níveis não verbais, utilize tarefas. Se o problema tem a ver com um desequilíbrio no manejo do poder na relação e este desequilíbrio do poder é gerado em níveis não verbais, use diretivas. Se o problema se produz em níveis verbais, fale sobre ele, mas leve a terapia ao nível de experiência onde o problema é gerado. Creio que esta lei é confiável. O tema dos conflitos de hierarquia numa relação foi muito bem desenvolvido por Jay Haley e Cloé Madanes. Eles escreveram sobre a forma de corrigir os problemas de hierarquia cruzada. Revisaria suas publicações mais recentes para conhecer como manejam estes pontos.

Algumas pessoas necessitam ser dominantes, gostam de estar nesta posição. Lembro-me de um professor na França que tinha que ser dominante. Sentamo-nos em sua biblioteca, tomando café, bebendo brandy debaixo de uma fotografia que Charles De Gaulle havia autografado para ele e começava a corrigir meu inglês, incorretamente, mas corrigia. Erickson sempre era dominante. Era como um guru sempre atento, observando, sempre dominante. Quase nunca vi Erickson submisso.

Algumas pessoas têm que ser iguais. Essa é uma relação simétrica. O diálogo entre esses casais soa mais ou menos assim: "Vamos sair e jantar esta noite. Vejamos, a última vez você decidiu sobre o jantar e eu decidi sobre o cinema" ou senão, "bom, eu decidi sobre o jantar e o cinema, agora é sua vez". Quando escutam as pessoas simétricas, sua comunicação é: "minha vez", "sua vez" e a relação tem que ser igual.

Algumas pessoas gostam de estar submissas. Têm que estar submissas. Invoquemos agora o espírito de minha querida avó que já morreu: "Vovó, como está?", "oh, não muito bem", "mas vovó, porque está tão mal?", "estou muito só", "mas vovó, tem tanta gente por perto! Por que não vai ao parque e desfruta de estar com essas pessoas?", "oooh, fica tão longe, é preciso caminhar e os meus pés já não estão tão bem como antes", "bem, vovó, concordo, mas por que não convida as pessoas para que venham lhe visitar na sua casa?", "esta casa não está tão limpa e já não tenho forças para ficar limpando", "bem, vovó, pois simplesmente converse por telefone, ligue para os seus amigos", "ai filhinho, você sabe que já não ouço tão bem como antes". Minha avó era submissa, mas sempre estava controlando e definindo a relação. Bateson chamou esta posição de metacomplementaridade. Uma posição de metacomplementaridade é colocar-se submisso para estar realmente como dominante.

Veja bem, todo sintoma é um vínculo de metacomplementaridade. Todo sintoma é um exemplo de uma pessoa que consegue ficar como dominante, estando submissa. Se uma paciente tem uma fobia, não consegue ir à loja, então seu marido tem que fazer todas as compras. Portanto, está dominante. Mas se vocês vão ao paciente e lhe dizem: "Desculpe, mas você está tendo ganhos secundários", o paciente nos diz: "Ganhos secundários? Não me interessam os ganhos secundários. Por favor, a única coisa que quero é acabar com minha fobia". Outra vez, metacomentar não ajuda em nada. Dessa forma, é melhor utilizarem tarefas ou diretivas para ajudar a pessoa a mudar o desequilíbrio do poder.

Quando fazemos psicoterapia ericksoniana, queremos ser dominantes e como as pessoas dominantes controlam e definem a relação, também induzimos papéis. A pessoa dominante induz papéis na que está submissa, seja de forma construtiva ou destrutiva. A pessoa dominante pode nos induzir a sermos inteligentes, criativos, amistosos, brincalhões, próximos. Mas também a pessoa dominante pode induzir papéis dizendo ao outro que é estúpido, pouco criativo, dizendo para ser infeliz. Assim, em toda interação há alguém que está induzindo papéis e se queremos ser terapeutas efetivos, temos que induzir os papéis mais construtivos possíveis nos pacientes; por isso necessitamos ser dominantes. Erickson estava muito atento aos primeiros instantes de uma interação e, nesse momento, tomava a relação a seu encargo e começava a induzir papéis construtivos.

As pessoas me perguntam sobre minha primeira entrevista com Erickson. A primeira vez que o vi foi em 1973. Escrevi uma carta a minha prima que estava estudando enfermagem em Tucson. Tucson fica aproximadamente a duas horas de carro ao sul de Phoenix. Disse a minha prima: "Elena, estou começando a estudar hipnose e a ler sobre os trabalhos de Milton H. Erickson; este homem é um gênio. Se for a Phoenix, visite-o". Então me respondeu dizendo: "Querido Jeff, lembra-se de minha antiga companheira de quarto, Roxanna Erickson?" Minha prima e Roxanna viveram juntas no México, estudando antropologia num programa de intercâmbio, e eu havia conhecido Roxanna quando viveram juntas em São Francisco. Assim, escrevi uma carta a Erickson e outra a Roxanna dizendo-lhe: "Apresente-me a seu pai e pergunte-lhe se posso ir visitá-los e estudar com ele". Erickson me respondeu dizendo que não, que estava muito velho e muito doente para ter estudantes sob sua responsabilidade, que gostaria que o visitasse, mas não podia me garantir que estaria com saúde suficiente para me receber, caso fosse. E, ao final da carta, pôs uma frase muito linda. Disse: "Quando ler o que escrevo, não preste atenção na técnica, nem no método, nem nas palavras exatas ou nas sugestões. O que na verdade é importante é a motivação e o fato de que nenhum ser humano conhece realmente toda sua capacidade". Impressionou-me que este homem me escrevesse uma carta direcionada a mim, um estudante que o admirava. Escrevi-lhe outra carta: "Entendo que o senhor está doente e velho, por favor, posso visitá-lo?" E Erickson disse: "Sim". Quando me aceitou como aluno? Quando mostrei o mais importante: motivação. Este era o estilo de Erickson. Algumas vezes, várias pessoas o procuravam, pois queriam parar de fumar. E ele ouvia algo em sua voz e com uma voz especial lhes dizia: "Subam ao Pico Squaw e depois venham me ver". A motivação era muito importante. É quase um axioma dizer que a primeira intervenção que Erickson fazia era conseguir a motivação. Assim dirigi até Phoenix. Cheguei tarde da noite. Fui hóspede na casa dos Erickson. Entrei e lá estava ele, sentado bem à minha esquerda, vestido de roxo. Era daltônico e gostava das roupas roxas. E Roxanna disse: "Este é meu pai, o Dr. Erickson". Erickson fez isto... (Zeig move a cabeça de um lado para o outro e de cima para baixo). Roxanna me pegou pelo braço e me levou ao cômodo próximo, explicando-me que seu pai era muito brincalhão. Mas isso não era brincadeira, era uma indução hipnótica completa, não-verbal, mas completa. Erickson estava me confundindo, rompendo meus padrões, provavelmente estava acompanhando meu piscar com o seu, provavelmente também minha respiração. Olhou no centro e até embaixo do meu corpo, sugerindo: "Olhe até embaixo, para dentro". Mesmo tendo a oportunidade de observar o trabalho de Erickson durante seis anos, nunca o vi voltar a fazer o mesmo. Mas, invariavelmente, o vi muito atento aos primeiros segundos da relação, fazendo coisas não habituais para ficar no papel de dominante, induzindo papéis construtivos. Normalmente, era único, original em sua primeira interação para estabelecer o padrão, tirando a pessoa de seus papéis habituais, a fim de assegurar que pudesse gerar novos comportamentos. A forma como o fazia era uma técnica muito efetiva.

Dessa forma, queremos estar nessa posição dominante como terapeutas. Isto não é, em certos termos, humanista, mas se deve simplesmente ao fato de que algumas pessoas devem ter este papel. Quando o paciente está na posição dominante, a terapia é ineficiente. Se o paciente se põe dominante, não pode haver nenhuma terapia, porque ele vai induzir os papéis. O terapeuta tem que ser dominante para induzir papéis construtivos.

Vejamos agora como utilizar as categorias diagnósticas para dividir e conquistar. Isto tem a ver com uma pergunta muito importante que me faço quando chega um novo paciente. Pergunto-me o que esta pessoa valoriza? Também me pergunto: como o paciente *faz* o problema?

Quando o paciente chega, pedimos uma descrição detalhada do problema. Ele diz, por exemplo: "Estou deprimido". Pedimos, então, uma descrição o mais detalhada possível da depressão. Muito detalhada. "Deprimido? Como? Sente a depressão em seus ombros? No estômago? Como é esta depressão comparada à depressão de outras pessoas? Compare esta depressão com a dor. Como é a depressão de manhã? Como é à tarde? Como é às quintas?" Façam perguntas quase voyeristas sobre os detalhes da depressão. A razão de fazer isto é o famoso Princípio Farah Fawcet. Todos vocês conhecem o famoso Princípio Farah Fawcet?

Conhecem a atriz norte-americana Farah Fawcet? Um dia estávamos almoçando no hospital onde eu trabalhava. E havia uma foto da Farah Fawcet de biquíni na capa da revista. É uma atriz muito bonita. Uma das pessoas que trabalhava lá parou para olhar a foto e disse: "Suas coxas são muito gordas". Alguém mais comentou: "Suas panturrilhas não têm o contorno de acordo com suas coxas e sua cintura é fina demais", "e seu pescoço é muito grosso", "seu sorriso era grande demais", "e sua cara redonda demais". Quando terminaram de descrevê-la, já não era nada atraente. Assim, o famoso Princípio Farah Fawcet é: *se examinarmos algo muito de perto, suficientemente de perto, perde sua integridade.* Dessa forma, se forçar o paciente a examinar o problema com muitos detalhes, perde sua integridade. É como se perguntássemos a uma centopéia como ela move seu pé número vinte e dois. Ela tropeça. Se pedirem ao paciente que descreva seu problema com muitos detalhes, acontece isso.

Um dia, minha secretária e eu estávamos almoçando no Hotel Hyatt de Phoenix. Na mesa próxima estava o ator americano John Travolta. É um homem muito bonito e a minha secretária estava tendo torcicolo, porque girava seu pescoço para vê-lo. Contei-lhe sobre o famoso Princípio Farah Fawcet e me respondeu com certeza: "Não vai funcionar com John Travolta".

Nem sempre se examinarmos algo de perto isso perderá sua integridade, mas às vezes é uma boa idéia. A segunda pergunta é: como a pessoa *fabrica* o problema? Se o problema é X, como se produz X? É quase como se vocês pensassem que essa pessoa é muito criativa e tem um papel. Observem o paciente e lhe digam: "Isto é fabuloso! Depressão! Como produz a depressão?" A razão para fazer isto é que os pacientes convertem seus problemas em nominalizações. Convertem-no em coisas. Quando vão ver vocês, eles dizem: "Aqui está minha depressão". É como se estivessem ensinando uma coisa: "Aqui está minha fobia", "aqui está meu problema de relação". Pois bem, coisas são muito difíceis de serem mudadas. Por esta razão, meu segundo pensamento é converter o problema em um processo, porque os processos podem mudar e as coisas não mudam. Isto é assim, inclusive com os problemas médicos. Se pensam no câncer como uma coisa, é difícil de mudá-lo. Entretanto, se pensam nele como um processo, é muito mais fácil de mudá-lo. Assim, transformem o problema em um processo. Se se perguntam como o paciente está fazendo o problema, encontrarão os passos através dos quais este é construído.

Pensemos agora em termos das categorias diagnósticas. Tomemos o problema da depressão. Como se fabrica a depressão? Se você for interno, se tiver a tendência a enfocar, se for intrapunitivo, se estiver submisso na forma de metacomplementaridade para ser dominante, se ampliar o negativo e tomar distância, você pode fabricar uma depressão? É muito provável que sim. Esta é uma estratégia para produzir depressão. Assim, se vocês começam a juntar as categorias diagnósticas, terão a fórmula de como o paciente constrói a depressão. Se já sabem como o paciente faz o problema, podemos passar para a terceira pergunta: Como qualquer pessoa constrói a solução? Como qualquer pessoa faz Não-X? Então penso, o que é o oposto da depressão? O oposto da depressão é ficar feliz e me pergunto, como faço para "ficar feliz"? Como meus amigos conseguem "ficar felizes"? Como este paciente faz para "ficar feliz"? Vejamos. Se você é externo, se amplia o positivo, se você se move, se é normalmente extrapunitivo, e tende a ser mais dominante, pode ficar feliz. Então já sei como orientar minha terapia e é muito provável que nas sessões um e dois esteja trabalhando e fazendo tarefas para ajudar o paciente a ser mais externo. Na sessão três, fazendo terapia para ser mais dominante, nas sessões quatro e cinco, aprendendo a ampliar o positivo, na sessão seis, a se mover mais do que a se retirar, e lá pela sessão sete, já não é preciso mais terapia.

Mas não tenho que dizer ao paciente o que fazer. Eu só divido a solução numa série de passos que se convertem em minhas metas. E assim tenho sete sessões para fazer isto, e pode ser, inclusive, que me tome dez sessões, ou uma única. Trabalhem com seu paciente para transformar o problema em um processo e dividir a solução. E isto se converte em metas que vocês usam para criar um processo dramático, ao mesmo tempo, que fazem a terapia sob medida para o estilo único desse indivíduo. Esta é uma visão geral de como usar estas categorias como recursos, sinais na estrada, motivadores, falando a linguagem experiencial dos pacientes, e ajudando-o a converter o problema em um processo ao invés de uma coisa. Se vocês usam estes dois princípios, dividir e conquistar, transformam o problema em um processo, aplicam o Princípio Farah Fawcet e iniciam o período de diagnóstico diminuindo a força do problema.

O que acontece é que as pessoas ficam presas em uma posição. Se quem tem dor se torna interno e permanece interno, ao tentar encontrar a solução para o problema, sente mais dor e não tem acesso a uma estratégia para ser mais externo. Mas, por exemplo, quando dirige um carro, tem acesso a estratégias de como ser externo. Do mesmo modo, provavelmente quando joga um jogo pode ser externo. Mas de alguma maneira se esquece de usar essas estratégias, e nós o ajudamos, então, a ter acesso a elas. O escritor e filósofo norte-americano Mark Twain resumiu isto de uma forma muito bonita. Mark Twain disse: "Se seu único instrumento é um martelo, muitas coisas vão lhe parecer pregos". Eu penso que esta citação é muito importante, porque estas categorias ficam fechadas em algum lugar, e então, para a pessoa interna tudo parece interno, ou para a pessoa distante tudo parece distante. Estas categorias se tornam estilos perceptuais, maneiras de perceber o mundo. E assim o mundo é visto pequenino ou ameaçador. E se convertem em lentes com as quais é muito difícil trabalhar. Não forcem a pessoa a ver imediatamente. O melhor é acompanhá-la e permitir-lhe que descubra novas possibilidades por seu próprio mérito. Eu não acredito que seja importante para os pacientes conhecer suas próprias categorias diagnósticas, mas considero sim que é valioso para os terapeutas. Porque, se o terapeuta é muito interno, o paciente vai parecer muito externo. Se o terapeuta é muito intrapunitivo, vai ver os demais como extrapunitivos. De modo que é muito importante que os terapeutas conheçam sua própria postura. Por isso estamos fazendo estes exercícios.

Bem, qual é o verdadeiro segredo da vida? Se passarem pelo Mac Donald's e tiverem que descobrir o segredo da vida, o segredo é: amplia o positivo, reduz o negativo. E se vivem de acordo com estes princípios, nunca vão estar em terapia. É uma regra. Se quiserem estar em terapia, têm que reduzir o positivo e ampliar o negativo. Se quiserem estar seguros não têm que ir a terapia, ampliem o positivo e reduzam o negativo. Esta era a estratégia de Erickson. Ele era muito bom ampliando o positivo e reduzindo o negativo.

Revisemos algumas destas categorias. Se vocês já estão pensando em termos de solução, estão invocando a história construtiva dentro do paciente. Sabemos que toda pessoa tem uma solução por dentro. Toda pessoa fóbica sabe como relaxar. A solução existe dentro do paciente e o que fazem com seu diagnóstico é ajudá-lo a encontrar esta história construtiva. De modo que, quando pensam: "Como pode alguém fazer o oposto do problema?", estão pensando também no paciente. Tentam encontrar exceções. O paciente entra e diz: "Eu nunca estou feliz". E vocês dizem: "Observe em casa e durante esta semana registre todos os momentos em que não estiver deprimido e faça uma lista". Esta é uma terapia muito boa. Este tipo de intervenção vem do trabalho de Steve de Shazer, outro terapeuta estratégico. Steve de Shazer escreveu muitos livros sobre estes tipos de técnicas que são muito positivas. Não falem do problema, falem das soluções. A terapia deve estar mais enfocada nas soluções do que orientada para os problemas.

Busquem situações semelhantes de solução. Se o paciente é fumante, podemos lhe perguntar como deixou de ser alcoólico? Como deixou de roer as unhas? Procurem exemplos de soluções paralelas, situações em que o problema está melhor. Na parte interacional, descubram qual é a função do problema dentro do sistema. Descubram o que o problema faz para apoiar o funcionamento do sistema em que se encontra, quer seja o sistema médico ou o sistema familiar. Pergunte-se: "Com o que este paciente quer que o alimentem? A que ele sente que tem direito? Este paciente precisa que o compreendam? Este paciente precisa de empatia? Este paciente precisa de confrontação? Este paciente precisa de criatividade? Este paciente precisa de apoio?" Os chamados pacientes limítrofes são pacientes que sentem ter direito a tudo. Crêem que têm o direito a ter mais tempo com vocês, o direito a ser seu amigo, o direito a chamá-los fora do horário de trabalho, sempre se sentem com direito a ter mais coisas e não agradecem o que lhes dão. Essa é uma definição de um paciente limítrofe. Sentem-se com direito a muito e não agradecem o que lhes dão. Vejam com o que esse paciente quer ser alimentado. Essa é uma informação muito valiosa.

O ponto seguinte é buscar analogias. Com o que se parece o problema? Com o que se parece a pessoa? Com o que se parece o sistema? Com o que se parece a solução? Uma vez que começou a pensar numa analogia, pode criar uma história em torno dela.

Resumindo, estes são os seis pontos que eu emprego para colher dados:

- a descrição do problema, como a pessoa produz o problema?;
- a solução, como posso conseguir o oposto do problema?;
- o funcionamento interacional, sistêmico do problema;
- analogias;
- anzóis[1], quais são os valores do paciente?;
- e como utilizar tudo isso para criar a terapia.

[1] Nota de tradução: A palavra anzol é usada aqui em correspondência a palavra inglesa *hook*, que tem o significado de anzol, onde se põe a isca para atrair o peixe, e tem também o significado de gancho, como algo que segura. É usada, então com o sentido de algo que atrai, motiva e segura a pessoa.

Se fizer estas seis coisas posso, ao mesmo tempo, entender e criar este tipo de diagnóstico que me permitirá imediatamente gerar metas para a terapia. Eu emprego estas categorias diagnósticas e as chamo de Categorias Diagnósticas de Zeig. Não é pelo meu narcisismo. Bem, pode ser um pouquinho sim, porque as denomino Categorias Diagnósticas de Zeig. Mas o que quero expressar é que estas categorias são minha forma de dividir o mundo. Para mim, são úteis para fazer terapia e hipnose. Eu espero que vocês tenham outras categorias que combinem com sua forma de ver o mundo. Quero que saibam que não são todas as que existem, nem a última palavra, são somente as minhas. Perguntas ainda melhores do que quais são as categorias diagnósticas, são: Qual é a posição que toma este paciente? O que o paciente valoriza? As categorias diagnósticas são um subgrupo da pergunta: O que este paciente valoriza?

Se tivermos tempo amanhã, vamos começar com um exercício para determinar a posição que toma o paciente. Vamos expandir estas categorias, já que são o ponto final de nosso diagnóstico. Lembram-se do diamante que vimos no princípio (p.45), com as metas ou objetivos, o processo e como embrulhar para presente? Pois estamos, neste momento, no ponto de fazer sob medida a terapia e queremos conhecer o que o paciente valoriza, qual posição toma e, além disso, temos a série de categorias diagnósticas. Amanhã continuaremos com este tema, porque o que realmente vimos hoje foi só uma parte e temos que enfatizar as diferentes formas de embrulhar para presente. No dia de hoje, trabalhamos mais sobre os valores e as metas, sobre como determinar a posição que toma o paciente e a maneira como isto nos leva a estabelecer as metas para a terapia. Amanhã, vamos terminar o assunto sobre como *fazer sob medida* e começaremos a aprender a *embrulhar para presente*. Há milhões de técnicas diferentes que podemos usar para conseguir nossas metas com o pacientc. Depois passaremos a falar do processo na psicoterapia ericksoniana, especialmente ao comentar sobre o trabalho de Erickson. Isto é tudo o que queria apresentar-lhes hoje.

Quanto tempo nos falta? Alguns minutos? Perguntas? Têm uma tarefa para hoje à noite. A tarefa é que saiam para jantar num restaurante ou com seu marido, mulher ou filhos, imediatamente observem a posição quc eles tomam, façam o diagnóstico e uma intervenção juntamente com esse diagnóstico. Vejam a posição que assume essa pessoa: ser séria, ou ser ansiosa, ou ser amistosa, ou ser intrapunitiva, e façam alguma intervenção que utilize esse estilo. Podem, por exemplo, dizer: "Por favor, passe o sal, porque realmente a gente se sente muito bem internamente ao fazer algo por outra pessoa!" Têm que me entregar sua tarefa por escrito amanhã. Teresa, Jorge e eu vamos ter um trabalho enorme corrigindo-as... Estou brincando.

> *Jorge Abia comenta: quando fazemos hipnose utilizamos as mesmas palavras do paciente para usar sua linguagem experiencial.*

Eu também faço isso. Quando meus pacientes chegam pela primeira vez, escrevo tudo o que dizem. Eu sou preponderantemente auditivo. Para mim, toda a informação auditiva é muito valiosa. Aprendo a estrutura de linguagem do paciente e crio induções hipnóticas, utilizando-me dessa estrutura. Esta técnica provém de Erickson. O paciente, por exemplo, um esquizofrênico, entra e fala uma salada de palavras. Erickson empregava uma secretária para transcrever esta salada de palavras. Aprendia essas palavras e utilizava de forma construtiva. É uma técnica muito boa, tanto em hipnose como em psicoterapia, para ajudar a falar a linguagem experiencial do paciente. O problema é que não se fez estudos para provar a efetividade destas técnicas. De fato, não se publicou isso que estou lhes ensinando. Ainda estou escrevendo o livro. Espero que quando publicar, as pessoas se interessem mais sobre estes temas e se realizem estudos para provar que a terapia é mais efetiva quando se emprega a linguagem experiencial do paciente.

Permitam-me dar-lhes outro exemplo relacionado com a idéia de predizer. Uma mulher veio ver Erickson e começou a escrever as respostas das perguntas que ele sempre fazia: seu nome, endereço e telefone. Não lhe dirigiu nenhuma palavra. Erickson olhou para ela e disse: "Você cresceu na Europa". Ela não se assustou muito com o comentário porque sua caligrafia era estilo europeu, pensou que simplesmente Erickson estava deduzindo o que ela escrevia. E continuou: "Você cresceu no sul da Europa, talvez na Itália ou na Grécia". Tampouco lhe chamou muito a atenção este sinal porque seus traços e sua cor podiam indicar que havia crescido no sul da Europa. Então, Erickson colocou a primeira marcha, acelerou, e lhe disse: "E você era gorda quando pequena". Este comentário sim lhe provocou um impacto porque era muito, muito magra naquele momento e então perguntou: "Como sabe?" "Bom", respondeu ele, "tem uma postura que os gordos têm". Outra mulher entrou e contou seu problema e Erickson lhe disse: "Você não era a filha favorita de sua mãe".

Ela respondeu: "Não". Ele continuou: "Era a favorita de sua avó, talvez de sua avó materna". A paciente confirmou: "Sim". Quando vocês fazem esta classe de predições e acertam, ganham toda a autoridade do mundo para qualquer coisa que digam no futuro. As pessoas começam a pensar que vocês sabem o que fazem. Erickson estudava as pessoas. Era como Sherlock Holmes, mas sua habilidade era adquirida. Virginia Satir dizia que quando via uma família, podia ver três gerações atrás.

Quando Erickson era residente, o paciente chegava, eles conversavam e depois Erickson fazia sua história social. Depois a comparava com a verdadeira história que havia feito a assistente social. Fazia às avessas. Primeiro obtinha uma história, depois fazia mentalmente um exame estatístico e via quão preciso conseguia ser. Forçava-se a pensar sistematicamente, para pensar em termos de predição. Era impressionante escutá-lo discutir seu trabalho, porque o fazia em função do futuro. Quando discutíamos um de seus vídeos, desligava-o e dizia: "Eu faço isto, ela fará tal coisa; eu digo isso, ela dirá aquilo". Sua terapia estava sempre orientada para o futuro. Todos os outros supervisores que tive me diziam o que tinha acontecido no passado: "Se o paciente disse isto, significa que teve tal tipo de infância". Era uma psicoterapia orientada para o passado e não podíamos saber se o que ele dizia era certo ou não. A terapia de Erickson estava sempre orientada para o futuro. A vida se vive no presente e se orienta para o futuro; na terapia se vive no presente e se orienta para o futuro.

Bom, paremos por aqui; nos veremos amanhã às nove.

4
Como Tirar as Medidas: Segunda Parte
Os Anzóis

Bom dia. Nesta manhã, vamos começar com o tema dos valores. É a segunda parte do esquema de diagnóstico para determinar como adequar a terapia. Para fazê-lo, vamos considerar, em primeiro lugar, as características diagnósticas e em segundo, "os anzóis"[1]. Procuraremos descobrir qual isca atrai a pessoa, isto é, o que ela valoriza. Outra forma de fazer isso é se perguntando: qual a posição tomada? Tentemos pensar no sistema de valores, nos padrões redundantes, ou seja, naquilo que acontece repetidamente. É quase como se o paciente fosse viciado em um estilo particular. Por exemplo, uma pessoa pode sentir dor e tentar evitá-la sendo interna e aplicar sempre o mesmo padrão; ou um casal pode tentar resolver seus problemas de relacionamento batendo sempre na mesma tecla. Podemos dizer que esta é a posição que toma o paciente, o casal ou o sistema. Os terapeutas são bons na medida

[1] Nota de tradução: A palavra anzol é usada aqui em correspondência a palavra inglesa *hook*. Ver nota da página 127.

em que percebem os padrões. Precisamos ser capazes de determinar padrões rapidamente. Determinar a isca que atrai o paciente ou a posição que toma, a partir da observação de uma única manifestação comportamental. E fazemos isso, não só observando o que se vê, porque algumas vezes é necessário observar o que não se vê. Temos que desconfiar das ausências, do que falta em termos de pensamento, sentimento ou conduta, quase como se o paciente fosse dependente de um padrão de evitar algo. Por exemplo, pode evitar a raiva ou o conflito nas relações. De modo que, quando observamos a posição tomada, temos que examinar o que está e o que não está.

É importante lembrar que esses padrões são padrões de percepção. É através deles que o paciente percebe o mundo. Assim, uma pessoa interna começa a perceber o mundo como se fosse bem menor do que realmente é e o percebe através de suas lentes internas. Outra vez, a frase de Mark Twain: "Se seu único instrumento é um martelo, um monte de coisas vão parecer pregos". Os padrões dos pacientes se tornam formas de perceber o mundo e formas de limitar suas opções. Entretanto, existem processos lógicos que levam o paciente a expandir seus padrões limitadores. Erickson tinha uma série de temas a respeito e um dos principais era flexibilidade. Ter maneiras mais flexíveis de enfrentar os problemas; romper os velhos padrões e encontrar formas mais flexíveis. Quando eu lhe perguntava algo que poderia ser respondido com sim ou não, às vezes, ao invés disso, ele contava uma história que significava sim ou uma que significava não. Era quase como se ele quisesse se manter jovem, criativo, produtivo, encontrando novas formas de dizer sim ou não. Em 1976, por ocasião do 75° aniversário de Erickson, Margaret Mead, que também tinha setenta e cinco anos, rendeu-lhe um tributo dizendo que uma das marcas de Erickson era que constantemente encontrava novas formas de resolver problemas. Destacava sua flexibilidade. Outra característica de Erickson era sua diligência. Fugindo um pouco do assunto, aproveito para dizer que estou escrevendo um livro sobre a correspondência de Erickson[2]. Estou revisando seus arquivos e desengavetando suas cartas. Encontrei uma que data de 1936, de uma página e meia, na qual se notava que havia sido datilografada por quem a enviava e não por uma secretária, e que continha muitos grifos feitos à mão sobre o texto à máquina. Começava: "Abraham Maslow me fez o favor de me dar seus dados

[2] Nota do editor: Este livro foi publicado em inglês em 2000, sob o título *The letters of Milton H. Erickson*.

e me disse que o Senhor sabe algo sobre hipnose. Minha colega Jane Belo e eu estamos estudando estados de transe em Bali. Poderia, por favor, enviar-me informações sobre hipnose? Assinado Margaret Mead." Erickson respondeu com uma carta de quatorze páginas, com duas cópias perfeitas em carbono, uma para Jane Belo e outra para seu arquivo. Margaret Mead lhe enviou uma carta de agradecimento de meia página. Erickson lhe enviou dezessete páginas falando de coisas que não havia comentado na primeira carta. No ano seguinte, Margaret Mead veio a Michigan, visitou Erickson, e estabeleceram uma amizade que durou a vida toda.

Assim, comprovamos que flexibilidade e diligência eram aspectos muito importantes do caráter de Erickson. Se fôssemos diagnosticá-lo, perguntaríamos: Qual era seu posicionamento? Uma de suas posições era a flexibilidade, outra posição, a diligência, além destas, seu humanismo. Não era uma pessoa ligada ao dinheiro. Era como o médico rural. Algumas das pessoas aqui presentes visitaram Erickson, passaram três dias com ele. Quando lhe perguntavam quanto cobrava por seu tempo, ele respondia: "Sessenta dólares." Então, todo mundo tirava sessenta dólares para pagar e ele dizia: "Sessenta dólares no total, cada um de vocês paga uma parte". A mentalidade de Erickson estava orientada para as pessoas.

Já conhecemos os posicionamentos que ele adotava; mas as pessoas não são viciadas apenas em posições positivas. Também podem ser viciadas em posições negativas. Por exemplo, há pessoas que gostam de reclamar. Um dado paciente sabe que tem direito de reclamar. Nós o encontramos muitas vezes se queixando, e essa é a posição que toma na vida, queixar-se. Outras pessoas são negativas e essa é a posição que assumem perante o mundo. Assim, o que queremos fazer, o mais rápido possível e de forma relativamente livre de preconceitos – uma vez que não queremos ligar essas posições a valores – é olhar uma pessoa e conhecer seu posicionamento.

Agora vejamos. As categorias diagnósticas são, na verdade, uma subclasse da posição tomada pelo paciente. São formas de dividir este território. Porque ser interno ou externo, focalizado ou difuso, são posições tomadas pelo paciente. Assim, não têm que ficar pensando nas categorias diagnósticas, elas são simplesmente algo que lhes pode ser útil. A pergunta mais importante é: qual é a posição tomada pelo paciente?

Se vocês pensam na posição tomada pelo paciente, não é mais necessário pensar nas categorias diagnósticas, já que são somente uma parte dessa posição.

Para aprendermos mais sobre esse ponto, faremos um exercício prático. Neste pequeno exercício, vamos trabalhar, mais uma vez, em pares. Uma pessoa será o terapeuta e a outra o paciente. Na verdade, são dois exercícios e, em cada um deles, vamos programar o paciente. Os terapeutas vão sair da sala por um minuto, enquanto dou aos pacientes uma série de posições que deverão assumir. Vou dizer a eles, por exemplo, que representem um paciente que se queixa muito. Seu trabalho como terapeutas é fazer uma entrevista inicial, como fariam em seus consultórios. Conversem com o paciente por não mais do que dez minutos. Durante essa entrevista de dez minutos, os padrões do paciente vão aparecer. Nada será feito com esses padrões. Não vão utilizar, nem confrontar, nem interpretar esses padrões. Só vão observar qual a posição tomada pelo paciente. Irão se perguntar mentalmente: Qual a posição tomada pela pessoa? A cada paciente será dada uma série de posições a serem tomadas. Depois da entrevista, terminados os dez minutos, vamos rotular os pacientes. Vamos dizer aos terapeutas: rotulem os pacientes a partir dos padrões observados nas representações. Discutiremos, por um tempo, sobre esses padrões e depois faremos um segundo exercício, no qual os papéis serão invertidos. Tudo isso é um exercício de dramatização. Ninguém irá falar de situações pessoais, reais. Vão reproduzir problemas de pacientes. Gostaria que trabalhassem com alguém que não conheçam. Não é necessário, mas seria melhor que optassem por fazer essa dramatização com uma pessoa que não conheçam. Isso, provavelmente, evitaria qualquer tipo de confusão. Decidam quem vai ser o terapeuta primeiro. Peço agora que os terapeutas saiam da sala por três minutos. Combinado?

Depois que já saíram.

Todos os que estão aqui são pacientes? Muito bem. Cada paciente vai representar uma situação. Repito, não devem ser situações pessoais e sim, encenações. Esta situação implicará três valores. Número 1: vão representar um paciente vago, difuso. Se perguntarem: "Qual é o problema?", responderá: "Não me sinto bem", "bem, diga-me como é o problema", "é como um sentimento negro", "mas, onde você o sente?", "humm, dentro de mim", "mas onde, dentro de você?", "em meu corpo". Quero que representem o papel de alguém que é vago, uma pessoa da qual é difícil tirar qualquer informação. É como querer arranhar a água. E como se este paciente tivesse uma regra interna que diz: "Não seja específico". Não exagerem até o ridículo, mas na medida do possível, não sejam específicos, sejam vagos. Podem ser pacientes tão difíceis quanto queiram, pois seus colegas terão a oportunidade de se vingar. Sabem disso...

O segundo ponto. Gostaria que tivessem um padrão de linguagem redundante, repetitivo. Quero que escolham uma frase e que a utilize umas dez ou quinze vezes durante a entrevista. A frase pode ser tão simples como "gostaria que soubesse", "gostaria que soubesse", "gostaria que soubesse". Só repitam essa frase o tempo todo. Qual seria uma frase repetitiva típica para um paciente vago? "Não sei", "não sei", "é engraçado, mas...", "é engraçado, mas... não sei". Podem utilizar essas frases repetitivas várias vezes.

Por último, um padrão relacionado ao uso do tempo... E temos quatro possibilidades: uma é estar no passado, outra é estar mais no futuro. Se representam o papel de manter-se no passado, 75% de seu relato tem que estar no passado. Se o terapeuta diz: "Conte-me sobre seu problema", vão responder: "Não estou me sentindo bem, é como quando eu era pequeno e caminhava pelo pátio da escola sem saber em qual sala de aula entrar... não sei, é algo parecido.", "Pode me falar sobre seus relacionamentos?", "Claro, tenho um ótimo relacionamento com meu filho, mas, sabe? Meu pai e eu não tínhamos um bom relacionamento, algumas vezes ele prometia fazer coisas comigo, mas na maioria das vezes não fazíamos muitas coisas juntos". De forma que utilizem o passado o mais rápido que puderem. Podem também utilizar o padrão do futuro, mas falaremos disso mais tarde. No momento, sua tarefa é estar no passado trazendo à mente essas vagas lembranças, mantendo esse padrão.

Sejam um pouco difíceis como pacientes, mas não exagerem. Não será muito fácil para os terapeutas descobrir esses padrões. O primeiro talvez seja muito fácil, mas os outros dois serão mais difíceis. Escolham qualquer problema: depressão, infelicidade, dor, confusão, qualquer problema que queiram representar. Atuem como pacientes em uma entrevista de dez minutos e prestem muita atenção no que faz esse terapeuta que está lhes atrapalhando a interpretar seu papel, pois eles podem fazer algumas intervenções que lhes dificultam representar seu papel. Esta informação servirá como uma retroalimentação muito valiosa. Depois os pacientes dirão aos terapeutas o que eles fizeram que mais dificultou a atuação. Continuem firmes em seus papéis, não se curem, permaneçam vagos, repetindo um padrão de linguagem e no passado. Combinado? Vamos chamá-los.

Quando os terapeutas entram

Movam suas cadeiras com liberdade dentro da sala. Vocês têm dez minutos e, passado este tempo, lhes pedirei que parem. A tarefa dos terapeutas é determinar qual a posição tomada pelo paciente. Terapeutas: os pacientes vão tomar três posições. Vocês vão descobrir quais são e farão uma lista de duas ou três palavras para cada posição. Não percam muito tempo, não escrevam muito sobre qual é o padrão do paciente, só umas duas palavras. Para cada paciente, foram dados três padrões. Vocês têm que prestar atenção nessa conversa, analisá-la, observar o que se repete, padrões redundantes, ausências óbvias, direitos, têm que descobrir quais direitos o paciente sente que tem, assim como a posição tomada por ele. Escrevam as três posições tomadas pelo paciente. As instruções foram que, durante a entrevista, o paciente representasse três padrões redundantes, e a tarefa do terapeuta será descobrir esses padrões, listando-os em uma, duas ou três palavras.

Depois do exercício.

Vamos ver, terapeutas, pensemos: Quais padrões observaram em seus pacientes? Muito bem, existe um grupo de padrões relacionados a ser tímido. Qual padrão representou o paciente? Negativo? Ser negativo? Personalidade negativa? Esse é um padrão que o paciente pode ter representado, negativo em relação a ele mesmo. Inconsistente? Em geral, ser inconsistente é um padrão ao qual o paciente pode ser viciado. Ser difuso, inseguro, confuso? Um dos padrões que se deu a esse paciente foi ser intencionalmente vago: "Qual é seu problema?", "estou perdido", "mas, como está perdido?", "estou perdido na vida", "como está o trabalho?", "estou perdido no trabalho também", "e em seus relacionamentos?", "não consigo encontrar meu lugar em um relacionamento". Este padrão é ser vago. É difícil extrair alguma informação de um paciente como este. A cada paciente foi pedido que fosse intencionalmente vago. Além desse existem outros dois padrões. Queixar-se? Pode ser um padrão. Mas esses dois foram um pouco diferentes. Estão relacionados a outras duas categorias. O primeiro se relaciona com a categoria estilo de personalidade e o estilo que esse paciente representou foi ser vago. Foi dada a ele também a oportunidade de ter um padrão de linguagem redundante. Como Jorge comentou ontem, os pacientes empregam padrões verbais e, como terapeutas da hipnose, podemos utilizar construtivamente esses padrões de linguagem que são fatores limitadores dos pacientes. O terceiro padrão está relacionado ao uso do tempo. O paciente foi instruído a utilizar o tempo de forma constritiva. Estes foram os três padrões. Já conhecem o primeiro, o estilo de personalidade. Qual foi o padrão de linguagem repetitivo e qual tempo verbal utilizado pelo paciente? Troquem informações entre suas duplas e, pacientes, retroalimentem seus terapeutas, diga a eles o que foi que eles fizeram que dificultou a representação destes padrões. Cinco minutos de retroalimentação e falarei mais sobre essas categorias.

Cinco minutos depois.

Estávamos vendo os *anzóis*, os valores que cada paciente tem. Concluímos que os pacientes têm valores relacionados a seu estilo de personalidade, como, por exemplo, ser inteligente, ser queixoso, ser honesto, ou ser desonesto. São estilos de personalidade, assim como papéis sociais. É útil para vocês pensar em "ser vago" como um papel social e não como uma coisa que existe dentro do paciente. O papel existe "entre" as pessoas e as torna previsíveis.

Temos também os padrões de linguagem redundantes. Por exemplo, Ronald Reagan, o ex-presidente dos Estados Unidos, tinha um padrão de linguagem repetitivo. Usava e repetia a palavra "bem". Cada vez que alguém lhe fazia uma pergunta, começava dizendo: "Bem..." e dava a resposta depois. Meu pai também tinha um padrão repetitivo que era: "Quero te dizer uma coisa..." e depois continuava. Ontem, usei com vocês um padrão repetitivo, disse o tempo todo: "para deixar as coisas mais interessantes..." e continuava, por exemplo, "dessa forma vamos procurar os padrões repetitivos de um casal". Se realmente querem que uma mensagem chegue até um paciente, use um padrão repetitivo: "Vou dizer uma coisa..." porque isso atrai a atenção da pessoa, sem que ela saiba necessariamente o porquê. Ou diga ao paciente: "Bem... o que eu gostaria que você soubesse..." Começam a se comunicar nas estruturas conscientes, movendo-se através dos padrões de linguagem.

Em hipnose, pegamos os padrões e os reenquadramos[3], dando a eles um significado novo. Se, por exemplo, o paciente usa a expressão "raro" e diz: "Tenho um sentimento raro", podemos responder: "Então você é uma pessoa rara?". Esta frase tem para ele uma conotação negativa, mas na forma empregada por mim, passa a ter uma conotação positiva. Muitas vezes, com indivíduos e casais, pegamos um de seus padrões repetitivos e o utilizamos para remarcar as situações de uma maneira diferente. Se estou trabalhando em hipnose com um paciente com dor, peço-lhe uma descrição da dor. O paciente me diz que é aguda e penetrante. Estas são as palavras que ele utiliza. Na sessão seguinte, crio uma indução que reenquadra essas palavras: "Sua mente, inconscientemente, pode criar algumas idéias agudas e penetrantes que são valiosas para você, que realmente começam a perfurar e penetrar algumas das coisas que não entende conscientemente, algumas das suas limitações". Pego as mesmas palavras que o paciente usa para descrever o sintoma e as utilizo

3 Reenquadrar e reenquadramento são traduções dos termos *reframe* e *reframing*, que derivam do verbo *frame*, que significa emoldurar, enquadrar. Em português, você poderá encontrar diferentes traduções que correspondem ao mesmo termo técnico em inglês, como por exemplo: recolocação (Zeig, 1995); ressignificar (Bandler e Grinder, 1986); reformular (Watzlawick, Weakland e Fish, 1977); e o termo utilizado aqui, reenquadramento (O´Hanlon, 1994 e Rosen, 1992).

em uma indução para promover bem estar. Existem muitas maneiras de utilizar os padrões repetitivos: para enfatizar uma mensagem, para chamar a atenção do paciente, para reenquadrar de diferentes formas.

Quando virem um paciente, anotem seu estilo de personalidade, seu papel social, seu padrão de linguagem repetitivo e o tempo verbal que utiliza. Vou traçar uma linha no quadro, que é como uma linha do tempo. O paciente está aqui, no centro. Se vai até o passado, no extremo esquerdo da linha, e traz o passado para o presente, ou seja, para o centro, o que sentirá o paciente? Se vocês trouxerem para o presente um passado que não podem mudar, o que sentirão? Depressão. Trazer para o presente um passado que não se pode mudar é uma estratégia para sentir depressão. Que acontece se buscam um futuro incerto, do extremo direito da linha do tempo, e o trazem para o presente? Que sentirão ao fazer isso? Ansiedade. Esta é uma boa estratégia para se sentir ansiedade. O paciente ansioso diz: "Se..." Vai para o futuro e traz este futuro incerto para o presente. É uma estratégia para criar ansiedade. O paciente deprimido vai para o passado impossível de ser mudado, o traz para o presente e diz: "Meu Deus! Por que as coisas não foram diferentes?" Estar no passado é uma estratégia para estar deprimido, não é tudo, mas é uma estratégia. Estar no futuro é uma estratégia para ficar ansioso, não é tudo, mas é uma estratégia. O que acontece se estão em seu tempo, o presente? Se estão em seu tempo, têm problemas. É uma estratégia para ter caráter desordenado. Se só estão aqui, agora, sem uma referência do passado e sem antecipar o futuro, estão com problemas. As quatro posições em relação ao tempo são: estar no passado, estar no futuro, estar aqui neste momento e estar através do tempo. Se vocês vivem através do tempo, com uma referência no passado, antecipando o futuro, mas no presente, estão bem, dentro de um processo. É uma estratégia melhor, mas as pessoas acabam viciadas em estar no passado, ainda que não necessariamente estejam deprimidas. Tenho uma tia que vive no passado, ela adora contar histórias do passado que são muito interessantes... da primeira vez. Mas ela não está deprimida, pois adora contar histórias. Eu me deprimo de escutá-la, mas ela não está deprimida, só vive instalada no passado. Tem mais ou menos oitenta anos, por isso é compreensível que seja assim. No entanto, o fato de estar no passado não leva necessariamente à depressão, mas é parte da estratégia. O que estou tentando dizer é: qual a posição tomada pelo paciente? Essa posição é um todo completo, que estamos tentando dividir em categorias mais manipuláveis. Dessa maneira, quando o paciente entra, vocês observam seu estilo de personalidade, seus padrões de linguagem redundantes, a forma que emprega o tempo. Alguns pacientes são rápidos e outros são lentos em sua forma de usar o tempo. Existem muitas possibilidades diferentes. Vocês têm que ver como essa pessoa emprega o tempo, e saber utilizar essa informação. Mais tarde, veremos como utilizá-la (Capítulo 6: O Processo da psicoterapia ericksoniana).

Vamos mudar um pouco o tema e fazer o segundo exercício, que será um pouco mais complicado, pois pedirei aos pacientes que representem padrões mais difíceis. Sendo assim, vou demorar cerca de cinco minutos para dar as instruções a eles. Vamos inverter os papéis e vou pedir aos novos terapeutas que saiam. Não vamos usar essas três posições (vago, padrão de linguagem repetitivo e estar no passado), vamos usar novas posições.

Saem os terapeutas, chama um dos assistentes do seminário, se aproxima mais e mais e lhe diz gaguejando:

"Quero te contar meu problema, eu gostaria muito de entender algumas das coisas que me incomodam, e eu acredito sinceramente que você é uma pessoa que pode me ajudar. Deixe-me falar agora sobre isso, certo?"

Diante da cara de susto da outra pessoa, sorri e continua:

Bom, um padrão que quero que representem é serem intrusos. Este é um padrão que têm que representar de forma não-verbal. Vão representar como eu fiz com José. Eu estava sentado aqui, José chegou e ele se colocou a uma distância cômoda. A princípio, não me movi, permiti que ele fixasse a distância. Mas, assim que o fez comecei a me aproximar, e José começou a afastar-se; já era perto demais. Mas também, ou de outra maneira, podem ser intrusos de formas não-verbais e visuais, prestando atenção no cabelo do terapeuta, por exemplo, ou em seus sapatos, ou olhando-o de cima em baixo. Assim podem ser intrusos de maneira não-verbal. Este é um padrão analógico. Existem muitos padrões não-verbais, estamos escolhendo este. Podem ser visuais ou fisicamente intrusos.

O segundo padrão é ter uma ausência óbvia. Talvez possamos fazê-lo de forma não-verbal. Que tal, por exemplo, se escolherem não mexer um braço? Durante toda a entrevista mantenham seu braço direito paralisado, sem movê-lo. É uma possibilidade. Outra é manifestar a ausência óbvia de um sentimento. Por exemplo, aconteça o que acontecer, não expresse raiva. Este sentimento está ausente. Podem escolher qualquer sentimento: culpa, medo, dor, e não admitir tê-lo. Fazê-lo ausente de forma óbvia. Vocês escolhem se vão eliminar algo não-verbal ou estabelecer um padrão de sentimento ausente. A terceira coisa que vão fazer é um pedido interativo. Vão requerer, demandar algo na relação. Isso colocará em prova sua habilidade como atores. Tentem pedir ao terapeuta que faça algo, por exemplo, vão pedir para dar uma olhada em vocês antes que comecem a falar, ou vão pedir que fale em voz baixa, ou que fale lentamente, ou vão pedir que seja mais empático e os ajudem a entender o que sentem. Não sei o que vão escolher, mas vão pedir a esse terapeuta que faça algo: ou falar devagar, ou ser empático, ou que olhe para vocês. Peçam alguma coisa. Isso é fácil. A quarta coisa que quero que façam é que atuem em seqüência, porque se pensarmos nesses padrões como coisas estáticas, estaremos nos limitando, mas se pensarmos como uma seqüência que acontece ao longo do tempo, teremos a possibilidade de intervir. Esta é a seqüência que quero que vocês considerem: primeiro, de forma sutil, pedir um conselho; segundo, parabenizar o terapeuta pelo conselho maravilhoso; terceiro, encontrar um defeito no conselho; e quarto, culpar a si mesmo e mostrar desesperança. Vamos mudar este último, é melhor culpar outros que a si mesmo. Culpar os outros e mostrar-se sem nenhuma esperança pode ser muito mais interessante. Por exemplo, como pacientes digam ao terapeuta: "tenho muita dificuldade de fazer minha filha ir à escola" e peça um conselho, peça mesmo, e o terapeuta o dará: "Já falou com a professora dela?", "Falar com a professora, que idéia fabulosa! É uma idéia maravilhosa. Nunca teria pensado nisso" e um pouco depois, acrescente: "Espere um momento, meu horário no trabalho acaba de mudar e realmente não tenho tempo de ir à escola falar com a professora... Essa situação é ridícula! Não sei o que se pode fazer, não se pode fazer nada." Quero que representem essa seqüência duas ou três vezes durante a entrevista. Não têm que ser tão rápidos quanto eu fui. Façam o passo um, falem de outra coisa, passo dois, falem de outra coisa, passo três, falem de outra coisa, e passo quatro. A única coisa que não podem fazer com este padrão é usar a palavra "mas". Está proibido. Não usem esta palavra, pois os terapeutas estão muito atentos à palavra "mas" e poderiam descobrir o padrão rápido demais. Não usem essa palavra, principalmente, ao encontrar o defeito. Essa seqüência é uma seqüência que foi trazida por um paciente meu. Repito que quando tomam um problema e o transformam em processo, existem mais oportunidades para intervenção. Desta maneira, vão representar quatro novas categorias, categorias não-verbais, ausências óbvias, pedidos interativos e uma seqüência. Desta vez vou dar-lhes mais tempo para atuar no papel de pacientes. Representem qualquer problema, dos filhos na escola, da esposa sempre triste e que vocês não a entendem, de seus pais que foram injustos com vocês, qualquer problema. Escolham o problema. Bem... divirtam-se fazendo o exercício.

Alguém pergunta sobre a ausência óbvia.

Imaginemos, por exemplo, que você mostra uma ausência óbvia de compaixão. Nega-se a compreender os sentimentos dos outros. Isso acontece às vezes. Podem representar este padrão: rejeitam a idéia de entender os sentimentos de outras pessoas. Ou rejeitam a possibilidade de serem felizes, que é a ausência óbvia do pensamento, do sentimento e de um padrão de conduta. Deveria estar aí, mas não está. É muito difícil detectar esta ausência, e, como terapeutas, é muito importante ser suficientemente objetivos para ver o que está faltando e deveria estar aí, para que se possa ver o que está e não funciona bem.

Outras perguntas? Com relação à falha ou ao defeito do conselho: "Não consigo fazer meu chefe ser razoável", "já foi ao departamento pessoal?", "O departamento pessoal... que grande idéia! Espere um momento. Os funcionários do departamento pessoal estão sempre do lado do patrão, não estão realmente do meu lado. Esta é uma idéia ridícula! Não chegarei a lugar nenhum". Cada paciente tem que representar os quatro padrões, não é para escolher um. Podem mudar de problema, mantendo-se a seqüência. Uma pessoa que siga esta seqüência sempre a usa com diferentes conteúdos. Por que se preocupam com a dificuldade? Vocês são os pacientes e isto é problema dos terapeutas. Boa sorte!

Entram os terapeutas

Os terapeutas têm a mesma tarefa do exercício anterior. Os pacientes foram instruídos para representarem uma série de padrões.

Depois de fazer o exercício

Agora, para que seja mais fácil para os terapeutas, lhes direi que pedi aos pacientes que representassem quatro padrões e, entre eles, há um especificamente que é não-verbal. Vocês têm que nomear este padrão não-verbal. Outro padrão que o paciente teve que mostrar foi fazer uma petição interativa. Os pacientes teriam que fazer um pedido muito claro aos terapeutas. Todos fazemos petições interativas. Pedimos uma certa compreensão, pedimos inteligência, pedimos criatividade. Há coisas que requeremos dos outros. Todos fazemos petições interativas, e as fazemos todos os dias em nossas relações significativas. Conseqüentemente, também fazemos com nosso terapeuta. Os pacientes pedem aos terapeutas que façam coisas. Os pacientes do exercício teriam que fazer petições interativas específicas a seus terapeutas.

Outro padrão que o paciente teria que representar era uma ausência óbvia. Algo que faltasse em seu pensamento, em seu sentimento ou em sua conduta e que fosse óbvio. Finalmente, foi dada ao paciente uma seqüência que teria que representar. E esta seqüência era vaga. Vago não é só um estilo de personalidade, é uma seqüência. É seguir uma série de passos: passo um, dois, três, quatro, para ser vago. Para ser criativo também é necessário seguir uma série de passos: um, dois, três, quatro. Por isso, pedimos aos pacientes que representassem uma seqüência de quatro passos. Foi pedido a cada paciente que atuasse dessas quatro formas. Estes são quatro pontos que os terapeutas podem utilizar para determinar a que o paciente dá valor, quais são os anzóis que o atraem e seguram, qual a posição que assume. Neste caso, qual era o padrão não-verbal? Era ser intruso. Groucho Marx tem uma frase para descrever este tipo de pessoa: "Se chegar mais perto de mim, vai ficar atrás de mim". Este é o padrão da pessoa intrusa. O padrão não-verbal poderia ser representado fisicamente, tocando, ou visualmente. Petição interativa. Como disse antes, os pacientes limítrofes são os que fazem mais petições interativas a seus terapeutas. Pedem tempo extra, ou pedem empatia extra, ou pedem que os terapeutas se portem de uma certa maneira e, seja o que for, nunca parecem satisfeitos com o que o terapeuta lhe oferece. Neste caso, os pacientes teriam que fazer uma petição interativa aos terapeutas: que fossem empáticos, que falassem devagar, que falassem mais alto, que os olhassem antes de falar. Demos várias opções para que escolhessem. Ausência óbvia. Podia ser não-verbal, por exemplo, o paciente não mover um membro. Erickson dizia aos estudantes: "Quando um paciente entrar, quando uma família entrar, olhem para eles, olhem dos pés à cabeça. Quando um paciente entrar, certifique-se de que tem dois ouvidos funcionando, dois olhos funcionando, uma boca funcionando, dez dedos nas mãos, dois braços funcionando, duas pernas funcionando, dez dedos dos pés funcionando. Certifique-se de que não há ausência física óbvia. Mas também emocionalmente, também em sua conduta e em seu pensamento". O sistema perceptivo humano é um detector de desigualdades. O sistema perceptivo humano percebe o que está errado, o que se destaca em qualquer campo. Portanto, se há um campo estável e um avião passa, ou um pássaro voando, têm que notá-lo porque sobressai. Da mesma maneira, num campo em movimento destaca o que está imóvel. Quando viajam de avião param de escutar o barulho porque se torna redundante. Da mesma maneira, se um paciente tem um padrão redundante, deixa de notá-lo. É difícil perceber os padrões porque o sistema de percepção humano está desenhado para perceber a diversidade e não para notar os padrões. O sistema de percepção humano está desenhado para ignorar os padrões. E é especialmente difícil encontrar as ausências. Por isso, me parece que esta categoria é muito importante e muito valiosa.

Aqueles que estudaram análise transacional chamariam a seqüência de "o jogo do sim, mas". Se pensarem, "o jogo do sim, mas" é como um papel que se representa. "Sim, mas" não é uma coisa. Da mesma maneira, apertar as mãos ao cumprimentar alguém não é uma coisa, é uma seqüência de comportamento. Se pensarem neste padrão como sendo uma seqüência, é possível intervir nela. Se transformam um problema em uma seqüência, podem intervir. Tomemos o caso de uma menina anoréxica. A anorexia não é uma coisa, é uma seqüência. Descubram como esta pessoa "faz" a anorexia e depois induzam uma pequena mudança na seqüência. Esta pequena mudança poderia ser de que, antes dela ir ao banheiro e se inclinar numa forma particular, tenha que colocar a mão num bolso. É ridículo, mas algumas vezes, faz-se uma mudança pequena e ridícula em uma seqüência, uma intervenção sistêmica, e o padrão muda. Nem sempre funciona, porque tem que ser sistemicamente significativo. Talvez vocês tenham uma moeda especial que possam dar à paciente para que sempre a leve consigo, e tenha de tocá-la antes de realizar qualquer ato de bulimia (vômito). De modo que, se encontrarem uma seqüência, talvez possam fazer uma pequena intervenção que evite que o padrão continue na forma inconsciente de antes. É muito valioso determinar uma seqüência para qualquer problema. Fumar não é uma coisa, é uma seqüência, encontrem a seqüência. Agreguem algo, tirem algo, modifiquem a seqüência.

Agora temos estas categorias (três do primeiro exercício e quatro do segundo). Quando o paciente entrar, perguntem a si mesmos: O que este paciente valoriza? Posso pegar qualquer paciente, qualquer casal, qualquer sistema e fazer estas sete perguntas. E se consigo encontrar as respostas, elas me ajudarão a interferir. Assim, quando um casal entrar, perguntem-se sobre estes pontos e encontrem as respostas para cada uma das pessoas, para o casal e para o sistema. Não é necessário pensar nas categorias diagnósticas porque estarão incluídas dentro desta informação.

Que tipo de paciente preferem ter em seu consultório? O paciente número 1 (do primeiro exercício) que representou três papéis, ou o paciente número 2 (do segundo exercício) que representou os outros quatro? Alguns de vocês vão preferir o primeiro e alguns vão preferir o segundo. Isso depende do estilo e características do terapeuta, mas também tem relação com o fato de existir uma diferença entre os dois pacientes. O do primeiro exercício era diferente do segundo. Qual era a diferença entre eles? O primeiro paciente era submisso e o segundo era dominante? Como se produz um submisso? Se vocês encenaram os papéis que encenou o primeiro paciente, podem estar submissos. Se representarem os outros papéis, podem ser dominantes. É outra maneira de demonstrar que ser dominante ou submisso não é nada além de processos. E vocês têm que saber como, como o paciente se posiciona dominante e como se posiciona submisso. Isso completa a sessão de como fazer sob medida, que compreende tanto as categorias diagnósticas como os anzóis. Respondidas estas perguntas terão à disposição uma informação muito valiosa sobre como fazer terapia sob medida e estabelecer metas. Estivemos trabalhando o lado esquerdo do diamante. Em seguida, vamos nos concentrar em como embrulhar para presente e terminar o processo da terapia.

5
Como Embrulhar a Sugestão para Presente

Essa é uma parte muito difícil porque envolve muitos pontos. O paciente entra e diz: "Meu problema é a depressão". Então, perguntamos a nós mesmos, "Como ele constrói a depressão?" Se fosse uma pessoa muito especial, ou talvez um psicólogo, poderíamos dizer-lhe: "Como você constrói o problema?" Mas, em geral, se estamos trabalhando com alguém menos sofisticado, simplesmente pensamos: "Como ele fabrica o problema?" E concluímos que o paciente constrói a depressão sendo intrapunitivo, interno, inativo, permanecendo no passado, negativo, focado. Respondemos que é assim que o paciente fabrica a depressão. Agora queremos pensar como as pessoas, incluindo este paciente, constroem a sua felicidade. Constroem a felicidade sendo positivas, externas, ativas e estando através do tempo, isto é, com uma referência no passado, antecipando o futuro, mas no presente. Essas quatro coisas são quatro metas que definimos ao entender como o paciente fabrica seu problema. Vamos adicionar que outra maneira de fabricar depressão é ser rígido em manter o mesmo estado de ânimo, acreditando que este não pode mudar. O paciente deprimido pensa: "Não posso ser feliz". Se mostram que ele pode controlar seu estado de ânimo, é difícil que se deprima.

Digamos que o paciente que sofre de depressão chega até vocês. Vocês imaginam como ele fabrica a depressão e pensam nas metas que podem traçar. Logo, pegam uma das metas, por exemplo, ser flexível no estado de ânimo e propõem ao paciente que o mude. O paciente deprimido chega, senta-se à sua frente e você diz: "Anime-se! Veja como está lindo o dia na Cidade do México! Seja feliz!" Os pacientes deprimidos se incomodam muito de pagar oitenta dólares a hora para o terapeuta dizer: "Anime-se!" Mesmo este sendo um bom conselho. Mas se uma sugestão direta não funciona, o que fazem? Uma possibilidade é tentar dar mais sugestões diretas, de maneira que, da próxima vez que o paciente chegue, digam: "Essa semana, realmente alegre-se!" Se não funcionar, podem seguir dando mais sugestões diretas: "De verdade, alegre-se!" Isso se parece um pouco com o modelo médico. O paciente entra, se sente ansioso e lhe dão tranqüilizantes. Mais ansioso, mais tranqüilizantes, até que por fim, deixa de estar ansioso. Se estão trabalhando com sistemas físicos, as sugestões diretas e mais sugestões diretas funcionam. Se estão trabalhando com sistemas humanos, as sugestões diretas e mais sugestões diretas, não funcionam. Existe uma frase de Gregory Bateson que se aplica a isso: "Se chutar uma pedra, é possível calcular sua trajetória, seu momento, sua aceleração, mas se chutar um cachorro, é uma história totalmente diferente".

Não queremos evitar as sugestões diretas que possam ser necessárias, mas vamos ver como utilizá-las, para que sejam o mais poderosas possível. Podemos aumentar sua força fazendo sob medida. Para isso, pensamos nas diferentes categorias diagnósticas. Imaginemos que temos um paciente que é muito interno, modificamos nossa sugestão para que satisfaça os valores e estilo dessa pessoa. Dizemos ao paciente interno, deprimido: "Olhe para dentro de você e alegre-se". Para a pessoa externa, dizemos: "Olhe para fora de você para ver como as outras pessoas percebem como você pode se alegrar". Modificamos a sugestão direta para que combine com o estilo de cada indivíduo. Se sabemos que essa pessoa é um explorador, "explore maneiras de se alegrar". Se sabemos que é autoprotetor, que mantém-se distante, "entre dentro de si mesmo e busque em seu interior maneiras de se alegrar". Fazemos as sugestões sob medida a partir das categorias diagnósticas e valores deste indivíduo. Se a pessoa tem uma frase repetitiva, use-a: "Não sei como pode fazê-lo... (frase repetitiva), mas essa semana quero que alegre-se". Modifique a sugestão direta. Se modificam a sugestão direta e a fazem sob medida, Zeig garante que aumentam a eficiência de suas intervenções e devolve o dobro de seu dinheiro se não acontecer assim. Fazer sob medida incrementa de forma significativa a eficácia de suas intervenções.

Digamos que vocês são muito rápidos e elaboram uma sugestão direta, feita sob medida, que não funciona. O que fazer? Talvez tentem hipnose e sugestões diretas. Coloquem a pessoa em transe e digam: "Agora, quero que realmente se alegre". Se fazem primeiro a hipnose e depois as sugestões diretas, o poder da hipnose incrementa o poder das sugestões diretas em, aproximadamente, 25%. As sugestões diretas em transe são 25% mais eficientes do que sugestões isoladas. Coloque a pessoa em transe, faça que sua mão levite ou que enxergue uma flor na parede, para mostrar ao paciente que ele está em um estado diferente e, assim, nesse momento, vocês podem fazer uma sugestão direta: "Alegre-se". Se quiserem aumentar a eficácia ainda mais, utilizem a hipnose e as sugestões feitas sob medida nos diferentes estilos desse paciente. Para uma pessoa intrapunitiva: "Realmente vai ser muito difícil para você, mas...", para alguém que é extrapunitivo: "Vai ser muito difícil para todas as pessoas ao seu redor, mas, alegre-se!". Faça a sugestão sob medida, uma sugestão direta junto com a hipnose. Digamos que você use uma sugestão direta feita sob medida e ela não funciona. Depois, você tenta uma sugestão direta com hipnose que também não funciona. O que fazer então? Sugestão indireta. E é neste ponto que o enfoque ericksoniano pode ser mais valioso. Se vocês estão bloqueados em um ponto, as técnicas seguintes estarão enfocadas para incrementar o indireto. Esta é a Segunda Lei de Zeig. Essa lei estabelece que *a quantidade de coisas indiretas que se tem que empregar é diretamente proporcional à resistência percebida*. Existe toda uma lista de intervenções que aprendemos com a hipnose que são maneiras de embrulhar as idéias para presente. Posso dizer ao paciente: "Alegre-se" usando apenas uma sugestão direta, hipnose e sugestão direta, reenquadrando, usando diretivas, prescrição de sintomas, deslocamentos, orientação para o futuro. Posso usar qualquer uma dessas técnicas para embrulhar para presente a idéia de "Alegre-se".

O que eu faria primeiro seria usar uma sugestão indireta simples, por exemplo, uma forma de linguagem chamada "pressuposição". Deve haver dez ou talvez quinze formas distintas de sugestão indireta, a pressuposição é só uma delas. Neste seminário, só quero que saibam que existem muitas formas. Se quiserem conhecê-las, consultem o livro de Erickson, Rossi e Rossi (1976): *Hipnotic realities* (Realidades hipnóticas) onde estão listadas diferentes sugestões indiretas. Podem consultar também Bandler e Grinder (1975) em: *Patterns of the hypnotic techniques of Milton H. Erickson, M.D.* (Padrões das técnicas hipnóticas de Milton H. Erickson, M. D.).

Respondendo a uma pergunta

Watzlawick discute a prescrição do sintoma e como fazer o reenquadramento. É uma boa fonte para estudar a prescrição do sintoma e a técnica de reenquadramento, mas para as formas indiretas de sugestão, vejam Erickson e Rossi, o volume um do livro *Patterns of the hypnotic techniques of Milton H. Erickson, M.D.* de Bandler e Grinder (1975) e o livro dos Lankton, Stephen e Carol Lankton (1983), *The answer whithin* (A resposta interior).

Podemos utilizar pressuposições a respeito do tempo, do lugar ou do processo. Não quero aprofundar muito neste ponto, já que poderíamos passar meio dia ou um dia inteiro aprendendo as formas de sugestões indiretas e praticando-as. Mas este não é o objetivo deste seminário e sim oferecer uma visão geral.

Vamos ver agora pressuposições de tempo, lugar ou processo. Olhe para o paciente e diga: "Não sei quando vai ficar alegre". Isso pressupõe que a pessoa vai se alegrar, é só uma questão de tempo. "Eu não sei quando você vai ficar alegre", "você não sabe quando vai ficar alegre", "sua mente consciente não sabe quando vai se alegrar, só seu inconsciente sabe". Todas essas são pressuposições de tempo. Também podem fazer pressuposições de lugar: "Você não sabe onde vai ficar alegre", "eu não sei onde você vai ficar alegre", "não podemos prever todos os lugares nos quais você vai estar feliz". Isso pressupõe que a pessoa pode mudar seu estado de ânimo dependendo do lugar. Pressuposição de processo: "Eu não sei como você vai se alegrar", "não é possível prever todas as maneiras de ficar alegre". E outra vez, toma-se a sugestão indireta e faz-se sob medida para este indivíduo, aumentando ainda mais sua eficiência. Logo, não se trata somente de embrulhar para presente. O que estamos fazendo é embrulhar para presente nossa meta e fazê-la sob medida. Podemos pegar cada uma de nossas metas e embrulhá-las de muitas maneiras diferentes.

Vocês acreditam que uma simples sugestão indireta é uma terapia adequada? Não, poucas vezes é suficiente, mesmo que esteja feita bem sob medida e bem embrulhada. Mas, às vezes, pode ser que façam terapia com apenas uma sugestão indireta. O seguinte caso de Erickson é um exemplo disso. Ele estava dando uma conferência em um encontro de médicos. Um deles levou um jovem rapaz que tinha problema de caráter e estava atuando (*acting out*), para que fosse sujeito de uma demonstração de terapia. O rapaz estava criando problemas para sua comunidade devido a sua má conduta. Sentou-se junto a Erickson. Erickson falava para os médicos enquanto o rapaz ficava sentado de frente para eles. Em nenhum momento, Erickson fez algum tipo de terapia com ele. Não fez hipnose, não fez nenhuma demonstração. Somente deu sua conferência. Ao final da exposição, na hora em que Erickson ia embora, olhou para o rapaz e disse: "Realmente não sei como vai mudar seu comportamento; realmente não sei como". O fim da história é que o jovem cresceu e acabou tornando-se um advogado. Portanto, é possível fazer terapia com uma só sugestão indireta. Mas para mim, a sugestão indireta é como escalar uma montanha. Mudar o estado de ânimo de um paciente deprimido é como escalar uma montanha. A sugestão indireta é como dar o primeiro passo e todas essas técnicas são maneiras de dar passos. Para transmitir a idéia "seja flexível em seu estado de ânimo" posso precisar de sugestão direta, hipnose, sugestão indireta, prescrição de sintoma, anedotas, etc. Depois, façam o mesmo com o ser positivo, o mesmo com o viver através do tempo, o mesmo com o ser mais ativo e o mesmo com o ser externo. Encontrem diferentes maneiras de embrulhá-las, até que o paciente as pegue.

Outra forma de embrulhar as idéias é oferecer diretivas. Se querem aprender mais sobre como dar diretivas em terapia, consultem a obra de Jay Haley e Cloé Madanes que fazem um trabalho excelente com diretivas estratégicas. Tenta-se dar ao paciente tarefas. Por exemplo, "esta semana saia de sua casa, vá a um parque e observe as crianças". Com esta tarefa, o paciente vai estar rodeado de gente que é flexível, positiva, externa, ativa. Coloquem o paciente em uma situação onde começará a entender estes comportamentos, que são as metas que queremos fazê-lo alcançar. Mais uma vez, proponham uma tarefa feita sob medida, de acordo com este indivíduo. Se não funcionar, podem experimentar a prescrição do sintoma. Para prescrever o sintoma, digam ao paciente: "Não quero que se sinta feliz dentro de casa". É uma prescrição de sintoma com sugestão indireta de lugar. "Não quero que você descubra maneiras de ser feliz", pressupõe que há maneiras de ser feliz. São prescrições de sintomas e ao mesmo tempo sugestões indiretas. A prescrição de sintomas funciona muito bem com pacientes complacentes; com eles, utilize a prescrição para obter controle, pois vão obedecer exatamente o que vocês disserem. Com pacientes desafiantes, utilize a prescrição do sintoma para fazê-los sair do problema, mantendo-os em um paradoxo. O paciente desafiante se rebela contra a tarefa e assim se cura.

Suponhamos que utilizem a prescrição do sintoma feita sob medida e que também não funcione. Podem então tratar com um reenquadramento. E podem talvez combinar um reenquadramento com prescrição de sintoma e sugestão indireta. Diga ao paciente: "Não quero que seja feliz ainda, não quero que mude seu estado de ânimo ainda, porque seu marido não pode enfrentar a própria depressão e, enquanto estiver deprimida, ele não tem que enfrentar a própria depressão. E ele ainda não está suficientemente forte para fazê-lo. Assim, você tem que permanecer deprimida até que ele se fortaleça". Deste modo, a depressão é reenquadrada. Já não é uma doença, mas serve para o funcionamento do sistema do casal. Vocês seguem a trama do diagnóstico, determinam qual é a função de um problema no sistema e o descrevem. Se a depressão é uma forma de cuidar de outros membros da família, prescrevam a função sistemática deste problema, reenquadre-a. O reenquadramento opera no nível das atitudes. Muda a atitude da pessoa frente ao problema. O que antes era negativo, torna-se positivo. Paul Watzlawick é uma fonte importante para aprender sobre a técnica de reenquadramento. Podem consultar o livro *Mudança*[1] (Watzlawick, Weakland e Fisch, 1977), que contém um excelente capítulo sobre essa técnica e outro, também excelente, que trata da prescrição do sintoma. Na literatura recente sobre programação neurolingüística, existe um livro intitulado *Resignificando*[2] de Bandler e Grinder (1986). Steven e Connie Andreas também têm publicações sobre este tema.

Outra técnica seria o deslocamento. Vocês podem mover a depressão. Podem deslocá-la para o resto do

---

1 No livro *Mudança*, o termo técnico correspondente a reenquadrar é *reformular*, como tradução do termo *reframe* do inglês.

2 No livro *Resignificando*, o termo técnico correspondente a reenquadrar é *ressignificar*, como tradução do termo *reframe* do inglês.

corpo até os pés. Hipnotizem a pessoa e digam que a depressão está se movendo em direção aos pés. Parece loucura pensar em deslocar um problema, mas não é tão ilógico porque, na verdade, o paciente já está deslocando o problema. Está, por exemplo, pegando a ansiedade da família e transformando-a em depressão dentro de seu corpo. O paciente está pegando uma preocupação e fazendo dela uma dor de cabeça. Se os pacientes deslocam o problema de forma negativa, vocês podem deslocá-lo de forma positiva.

Orientação para o futuro. Vocês podem fazer com que o paciente se imagine no futuro e descreva como solucionou o problema. Vão hipnotizá-lo fazendo uma progressão no tempo, para que ele possa ver como solucionou o problema. Também podem fazer um ensaio de faz-de-conta. Hipnotizam a pessoa e fazem com que ela ensaie em transe como superar esta dificuldade de relacionamento, como superar esta fobia.

A técnica de confusão é outro método para apresentar uma sugestão. Vocês têm uma meta e criam uma confusão. Escutem isso: "Seu consciente tem formas de entender as coisas e seu inconsciente tem formas de entender as coisas, mas o tipo de entendimento consciente que seu inconsciente pode entender é diferente do tipo de entendimento inconsciente que seu consciente pode entender, mas, de vez em quando, há mal-entendidos e você pode inconscientemente entender seus mal-entendidos conscientes melhor do que conscientemente pode entender seus mal-entendidos inconscientes, mas a classe dos mal-entendidos inconscientes que você não pode entender conscientemente, é diferente da classe de mal-entendidos inconscientes que você pode conscientemente entender, mas você não pode realmente entender até que... fique feliz esta semana". Já neste momento, estão confusos, não deprimidos. Se o fazem de maneira muito longa, deprimem o paciente. A técnica de confusão é uma das contribuições mais originais de Erickson. Está descrita em um artigo de 1964: *The confusion technique in hypnosis* (A técnica de confusão em hipnose). É um artigo muito valioso. O segundo artigo mais importante sobre esta técnica foi escrito por Stephen Gilligan e está incluído em seu último livro *Therapeutic trances* (1986) (Transes terapêuticos). Gilligan é uma das pessoas que a utilizam de forma mais elegante.

Espero que se lembrem neste momento do conceito de utilização. O que diz o conceito de utilização? A utilização estabelece que qualquer técnica utilizada pelo paciente para ser paciente, pode ser utilizada pelo terapeuta para ser terapeuta. Esta é a terceira Lei de Zeig: *qualquer técnica que o paciente utilize para ser paciente, pode ser utilizada pelo terapeuta para ser terapeuta.* Se o paciente usa confusão para ser paciente, vocês podem usar confusão para serem terapeutas. Se o paciente usa deslocamento para ser paciente, vocês podem usar deslocamento para serem terapeutas. Se o paciente gagueja para ser paciente, vocês também podem gaguejar para serem terapeutas. Isso elimina a necessidade de decorar um monte de técnicas. Vocês não têm que sabê-las de cor, basta observar o paciente. Seja qual for a técnica utilizada pelo paciente para ser paciente, utilizem a mesma técnica para ser terapeuta. Embrulhem para presente utilizando o estilo do paciente.

Temos também as metáforas. Talvez possam contar ao paciente uma história, uma história de coelhinho que estava deprimido e como saiu da depressão. Ou talvez, utilizem a técnica de símbolos, dê ao paciente uma pedra negra, dizendo: "Carregue esta pedra negra e leve-a por todos os lugares". A pedra simboliza a depressão. "Faça algo com ela, esconda, destrua". O uso de símbolos em psicoterapia é uma técnica muito instrutiva. As técnicas de metáforas e símbolos são instrumentos muito importantes na psicoterapia ericksoniana.

Ordálias (castigos). Jay Haley tem um livro sobre terapia de ordálias (Haley, 1984) no qual desenvolve essa técnica que consiste em oferecer ao paciente alternativas piores que o sintoma. Dá-se ao paciente uma tarefa que para ele é muito mais difícil do que continuar tendo o problema. O caso clássico é o caso de um homem que tinha insônia. Erickson o entrevistou e descobriu que ele detestava encerar o chão de madeira de sua casa. Erickson disse: "Quero que deixe de dormir oito horas". O homem respondeu: "Isso para mim é fácil, pois só durmo duas horas por noite". Erickson continuou: "Muito bem, coloque o pijama às dez da noite e encere o chão durante toda a noite. Isso implica que vai perder duas horas de sono. Na noite seguinte, faça a mesma coisa e já terá perdido quatro horas de sono. Na terceira e quarta noite, faça o mesmo, terá perdido assim, oito horas de sono". O homem fez o que lhe foi mandado. Encerou o piso três noites, de pijama, mas na quarta noite disse: "Acho que vou descansar um pouquinho antes de continuar a encerar o chão" e dormiu oito horas seguidas. Daí em diante, mantinha uma lata de cera na sala com a ameaça de que, se não conseguisse dormir, teria que levantar-se para encerar o chão. O comentário de Erickson sobre esse caso era que esse homem faria qualquer coisa para não ter que encerar o chão durante toda a noite e, por isso, dormia. Este é um exemplo de como dar uma alternativa pior. Se quiserem mais informações, consultem Haley.

Anedotas. Trata-se de contar uma série de histórias sobre ficar alegre. Esta é uma técnica muito complexa e uma das favoritas de Erickson. Como usar as anedotas para embrulhar para presente as sugestões? É muito complicado vê-la neste momento, só quero mencioná-la.

A técnica de entremeamento[3] foi outra contribuição brilhante de Erickson. Trata-se de falar em um nível sobre algo que é comum, cotidiano, enquanto que, em outro nível, está-se entremeando sugestões. O caso mais famoso de Erickson com esta técnica é o de Joe e o tomateiro, que se encontra descrito no livro *Terapia não convencional* (Haley, 1991).

Joe era um homem que estava morrendo de câncer. Erickson entrou no quarto onde ele se encontrava e começou a falar com ele, que era floricultor, sobre tomateiros. Ele disse:

> "Joe, gostaria de falar com você. Sei que é um florista, que cultiva flores e que cresceu numa

---

3 Nota de tradução: Do inglês, *interspersal*. Também é encontrado, na literatura, o termo intercalação como tradução de *interspersal*. (Por exemplo, *Raízes profundas* de O´Hanlon (1994)).

fazenda em Wisconsin; gostaria de ter cultivado flores. Ainda gostaria. Vou lhe dizer uma porção de coisas, mas não sobre flores, porque você conhece o assunto melhor do que eu. *Não é isto que você quer.* Agora, enquanto eu falar, e posso fazer isto *confortavelmente*, quero que você *me escute confortavelmente* enquanto discorro sobre o tomateiro. Isto é uma coisa estranha a respeito da qual falar. Faz a gente ficar *curioso. Por que discorrer sobre um tomateiro?* Coloca-se uma semente de tomate no solo. Pode-se *ter esperança* de que ela cresça e se torne um tomateiro que *dará satisfação* pelo fruto que fornece. A semente chupa água, *sem muita dificuldade* devido às chuvas que *trazem paz e conforto*, e à alegria de se tornar flor e tomate. Aquela pequena semente, Joe, lentamente se dilata e põe para fora uma raizinha com cílios. Ora, você pode não saber o que são estes cílios, mas são *coisas que trabalham* para ajudar a semente de tomate a crescer, a elevar-se acima do solo como uma planta que se desenvolve rapidamente, e *você pode me ouvir, Joe*, por isso continuarei falando e *você pode continuar me ouvindo, curioso, somente curioso a respeito do que pode realmente aprender*, e aqui está seu lápis e seu bloco; mas falando sobre o tomateiro, veja como ele cresce lentamente. *Você não pode ver* ele crescer, *não pode ouvir* ele crescer, mas ele cresce – a primeira coisa que surge é uma folhinha na haste, são os finos cabelinhos no caule. Esses cabelos também aparecem nas folhas, como os cílios nas raízes; eles precisam fazer com que o tomateiro *se sinta muito bem, muito confortável*. Se você conseguir imaginar um tomateiro sentindo, então *pode não ver* ele crescer, *pode não sentir* que está crescendo, mas aparece outra folha na haste do tomateiro, e outra mais. Talvez – e isto é falar como criança – talvez o tomateiro se sinta confortável e em paz à medida que cresce. Cada dia ele cresce, e cresce, e cresce, *é tão confortável, Joe*, observar a planta crescer e *não ver* seu crescimento, não senti-lo, mas simplesmente saber que *tudo está melhorando* para aquele pequeno tomateiro, que está incorporando mais uma folha, e mais outra, e um galho, e *está crescendo confortavelmente* em todas as direções." (Muito do que está transcrito acima foi repetido várias vezes; em algumas só frases; em outras, todo o período.

Tive o cuidado de variar as palavras, e também de repetir as sugestões hipnóticas. Algum tempo depois, a esposa de Joe entrou no quarto na ponta dos pés, trazendo um bloco de papel no qual havia escrito esta pergunta: "Quando vai começar a hipnose?" Não cooperei com ela, não olhei para a folha de papel, e foi preciso que ela colocasse a folha à minha frente, e por conseguinte em frente de Joe. Eu continuava a descrever o tomateiro ininterruptamente, e a esposa de Joe, quando olhou para ele, percebeu que ele não a estava enxergando, não sabia que ela estava ali, percebeu que ele estava num transe sonambulístico. E foi embora imediatamente.) "E logo o tomateiro terá um broto em algum lugar, num galho ou outro, mas isto não faz diferença, porque todos os galhos, todo o tomateiro, logo terão estes belos brotos. Fico pensando se o tomateiro pode, *Joe, sentir, realmente sentir, uma espécie de conforto*. Você sabe, Joe, uma planta é uma coisa maravilhosa, e *é tão bom, tão agradável* somente ser capaz de pensar a respeito de uma planta como se fosse um homem. Teria ela *bons sentimentos, uma sensação de conforto*, à medida que os pequenos tomates começassem a se formar, tão pequenos, ainda assim tão *cheios de promessas de lhe dar o desejo de comer* um tomate suculento, amadurecido ao sol? É *tão bom ter alimentos no estômago*, aquela sensação maravilhosa que uma criança, uma criança sedenta, tem e então *quer beber. Joe*, é deste modo que um tomateiro se sente quando a chuva cai e lava tudo de modo que há *uma boa sensação*. (Pausa) Você *sabe, Joe*, um tomateiro floresce a cada dia, *só um dia por vez*. Gosto de pensar que o tomateiro *conhece a plenitude do conforto a cada dia. Você sabe, Joe, só um dia por vez*, para o tomateiro. E é a mesma coisa com todos os tomateiros."[4]

Em um nível, Erickson falava dos tomateiros, em outro nível, entremeava sugestões indiretas. É difícil chegar a trabalhar bem a técnica de entremeamento, que é muito poderosa. Está relacionada com fazer sob medida para o paciente e embrulhar as sugestões para presente.

---

4 Para dar uma idéia deste exemplo com mais amplitude do que foi possível fazer no seminário, cita-se o texto da indução de Joe tirado de Haley (1991: 285-286). Nele pode-se também observar outras formas de embrulhar as idéias para presente.

Já têm os valores do paciente, já têm as diferentes técnicas para embrulhar para presente. Eu os aconselho que comecem a praticá-las. Escolham um problema real, como deixar de fumar. Divida-o em um número de passos para determinar como se constrói. Estabeleça as metas para cada etapa. Imaginem como alguém pode fazer o contrário do problema. Depois, escolham vários embrulhos, façam-nos sob medida e escrevam tudo. Assim, se em algum momento não souberem como agir com esse paciente, podem rever o que escreveram e encontrar idéias muito valiosas para desbloquear-se.

Imaginemos que um paciente com fobia chegue a seu consultório e vocês decidam utilizar como intervenção principal o deslocamento. Vão mover a fobia do corpo do paciente para a cadeira ao lado. Vocês podem dizer ao paciente já hipnotizado: "...agora, sua fobia desliza para fora de seu corpo, até a cadeira ao lado". Quais as chances de funcionar? Nenhuma. Parece um contra senso, porque escolheram uma intervenção adequada e a fizeram sob medida para o paciente. Mas não funciona porque este modelo é muito mais do que somente embrulhar para presente e fazer sob medida. Este modelo requer entender o processo, que é o que vamos ver em seguida.

6
O Processo da Psicoterapia Ericksoniana

O processo da psicoterapia ericksoniana tem basicamente três passos que são: preparação (*set up*), intervenção principal e acompanhamento. São três etapas. Na primeira, preparamos, definimos e estabelecemos as bases. Na segunda, fazemos a intervenção principal que consiste em fazer surgir os recursos. Na terceira, temos o acompanhamento.

Vou fazer-lhes uma pergunta maldosa: Em qual destas três etapas o terapeuta tem que fazer mais operações? Na primeira, na hora de preparar. Quando li pela primeira vez o livro *Terapia não convencional* (Haley, 1991), sublinhei todas as intervenções principais porque o que eu lia era algo tão novo para mim que mexia comigo. Sublinhei todas as intervenções: ordálias, prescrições de sintomas, etc. Mas quando estudei Erickson, estudei como preparar o processo, aprendi como Erickson definia as bases para uma intervenção e quanto tempo investia nisso, e, conseqüentemente, como acompanhava. Era um verdadeiro gênio ao estabelecer processos: preparar, depois intervir e acompanhar. É quase como jogar tênis. O diagnóstico dos valores corresponde a pensar na bola que vai para seu campo. Como será que ela vem? Em que direção e com qual efeito? Este é o padrão que estão detectando. Depois entra sua técnica, onde vão arremessar a bola no outro lado da quadra. Se jogam tênis caminhando de um lado para o outro, não vão chegar a lugar nenhum. O poder provém de como preparam, como vão intervir e como vão acompanhar. Este era o verdadeiro poder e genialidade de Erickson. Daqui a pouco vamos vê-lo trabalhando, vamos ver como gasta um tempo para preparar o processo e não faz nenhuma intervenção importante antes de fazer todas estas coisas sobre as quais falamos. Erickson será muito gentil e seguirá todos os princípios que Zeig enumerou aqui antes de fazer a intervenção principal. Depois fará o acompanhamento.

De maneira muito genérica, este é o processo. Podemos ver o processo terapêutico através de uma linha do tempo na qual nos movemos (Ver *Apêndice 1 - Embrulho para presentes e processamento*, p. 259). Começamos por um extremo, e a intervenção principal estará mais à diante. Antes de chegar a ela, encontramos a motivação, nos inteiramos do problema e preparamos a intervenção principal. Em outras palavras, se sabemos o que vamos fazer como intervenção principal, temos que fazer uma série de coisas antes para prepará-la. Podem, por exemplo, apresentar de início uma analogia da intervenção principal. Depois seguem dando pequenos passos até chegar à sua intervenção, preparando-a. Dão estes pequenos passos, fazem a intervenção e continuam acompanhando. É como uma linha da terapia. Isto cria um evento emocionalmente significativo, um drama ao redor do qual a mudança acontece.

O que temos visto até este momento cobre dois terços do modelo que quero mostrar. Já falamos sobre como fixamos as metas, como fazer sob medida, como embrulhar para presente e estamos começando a ver o processo, quer dizer, como fazer as coisas para conseguir os melhores efeitos terapêuticos.

Agora verão algumas técnicas que estivemos discutindo, assim como o processo da terapia ericksoniana e vão aprender mais sobre técnicas indiretas. Observarão Erickson fazendo psicoterapia experiencial. Não fará metacomentários diretos sobre o processo do paciente nem sobre sua psicologia. Mas vai criar uma série de experiências injuntivas. Que quero dizer com experiências injuntivas? Séries de experiências que têm mensagens implícitas. A mensagem implícita é: "Vivendo esta experiência você será diferente". Vamos entender um pouco mais sobre esta comunicação injuntiva.

Gregory Bateson afirmou, nos anos cinqüenta, que toda comunicação tem um conteúdo e uma ordem, ou seja, que tem tanto denotação quanto conotação. Quer dizer que a comunicação oferece informação e ao mesmo tempo transmite uma mensagem sobre como utilizar esta informação. Alguém diz: "Faça alguma coisa!" Como ordem nos diz: "Faça algo!" Por exemplo, ao mesmo tempo, que estou dando a vocês uma informação, a ordem é "Aprendam!" Se conto a vocês uma piada, a ordem é: "Divirtam-se!" Outras ordens podem ser: "Fique sério!" ou "Seja próximo, íntimo!" ou qualquer quantidade de conotações possíveis.

Bateson estudou o comportamento animal. Ao observar os cachorros brincando se deu conta de que havia uma mensagem na trama de suas comunicações, que dizia: "Isto é uma brincadeira!" ou "Isto é sério!". Bateson não conseguiu compreender o suficiente sobre o comportamento animal para saber qual era a mensagem a cada momento, mas pôde observar que havia essa mensagem. Vou dar a vocês outro exemplo muito genérico. Quando nos comunicamos em psicanálise a ordem é: "Entenda, compreenda!" Na psicoterapia ericksoniana, nos comunicamos e a ordem é: "Seja diferente!" A comunicação tem esta mensagem subjacente. Vários anos depois de Bateson, o analista transacional Erick Berne propôs que toda comunicação tem ao mesmo tempo um nível social e um nível psicológico. Berne afirmou que o resultado de uma comunicação está determinado no nível psicológico. Ele se referia às transações ulteriores. Berne chamou de ulteriores as transações que estavam fora da consciência. Quando duas pessoas estão falando, há uma mensagem que se transmite de adulto para adulto. É a mensagem aberta. Mas, ao mesmo tempo, há uma mensagem secreta que Berne chamou de transação ulterior que está acontecendo em uma relação de criança para criança. Um é o nível social, o outro é o psicológico. O exemplo mais fácil de se entender são os duplos sentidos. Se um rapaz diz a uma moça: "Vamos a um lugar onde possamos ficar mais à vontade", vocês sabem do que eles estão falando. Em cada cultura, há uma maneira de se fazer uma alusão deste tipo. Na Itália se diz: "Venha conhecer minha coleção de sinos japoneses". Sabemos que a mensagem que se transmite de adulto para adulto tem muito pouco a ver com o que está realmente acontecendo no nível psicológico. Mas isto não ocorre somente nos duplos sentidos. Em toda comunicação, existe um nível psicológico, e muitos dos problemas que aparecem na terapia familiar surgem porque é muito difícil para o terapeuta entender as mensagens neste nível. O marido pode dizer para a esposa: "Vamos jantar?" e ela se sentir terrivelmente mal porque o significado, no nível psicológico, de "vamos jantar", nesta família, pode ter uma conotação especial e é difícil que o terapeuta entenda o código que este casal ou esta família utiliza em sua comunicação neste nível.

Outra maneira de ver as coisas a este respeito é a de Noam Chomsky, o grande lingüista. Chomsky propôs que toda comunicação tem uma estrutura superficial e uma estrutura profunda, e falou a respeito de como, quando uma estrutura superficial se transforma em versões distintas, todas elas conduzem à mesma estrutura profunda. Por exemplo, se vocês dizem: "Vou à loja" ou "Fui à loja", supõe-se que a estrutura profunda é a mesma, ainda que a estrutura superficial tenha mudado. É uma maneira um pouco diferente de se entender as coisas, mas não é tão importante.

Paul Watzlawick utiliza termos que prefiro. Ele usa as denominações "indicativo" e "injuntivo". Afirma que toda comunicação tem tanto "indicações" quanto "injunções". As injunções são mensagens imperativas que dizem: "Faça algo!".

De maneira muito geral, podemos definir a terapia ericksoniana como a tecnologia da comunicação injuntiva. Podemos definir a hipnose como a ciência da comunicação injuntiva, porque em hipnose aprendemos a escurecer o nível indicativo e a enfatizar o injuntivo. Permitam-me dar-lhes um exemplo genérico. Se vocês dizem a um paciente hipnotizado: "Levanta seu braço" e o paciente levanta o braço, talvez ele esteja hipnotizado, talvez não. A única coisa que fizeram foi dar a ele uma indicação sobre o que fazer e ele respondeu, mas não sabemos se o fez de maneira automática ou não. Mas se o que queremos é uma resposta automática, trocamos um pouquinho os níveis e fazemos com que a indicação seja menos óbvia e a injunção mais evidente, usando uma forma indireta de comunicação. Podemos dizer ao paciente hipnotizado: "Gostaria que você entendesse que você pode... *levantar a mão*". Isto provoca confusão porque há uma indicação óbvia: quero que você entenda que pode levantar a mão. É óbvio, um fato. E há uma injunção: "Levante a mão!" Torna-se um pouco confuso e o paciente tem que gastar energia para responder ou não responder à injunção.

E a injunção pode ainda ser mais indireta. Podem dizer ao paciente, usando jogo de palavras misturadas, que é difícil traduzir: "Eu gostaria que *você percebesse* de uma maneira *habilidosa* (em inglês *handy*, de *hand*, mão) que há uma sensação que se eleva que pode descobrir de uma maneira *direita* (de *right*, que significa correto e direita, fazendo alusão à mão direita)". O paciente levanta a mão direita por associação com essas sugestões indiretas.

Mas se querem ser ainda mais injuntivos, podem contar uma série de histórias. Uma, por exemplo, sobre um menino que queria pegar os biscoitos lá *em cima*, na prateleira. Outra sobre alguém que *levanta a mão* para perguntar algo em classe. Mais uma a respeito de um nadador. E, de repente, o paciente começa a levantar seu braço como resposta a essas injunções. Isto é hipnose[1]. No processo de indução do transe, estamos obscurecendo as indicações e, cada vez mais, vamos apresentando mais e mais induções indiretas para despertar as respostas, para incrementar a capacidade de responder.

Eu considero que a comunicação injuntiva é a chave da porta que nos conduz a um inconsciente construtivo. Quando um paciente está respondendo a injunções, está dizendo ao terapeuta: "Estou aberto para você, pode influenciar-me, estou pronto para ser

---

[1] É hipnose ericksoniana (Nota de Teresa Robles).

influenciado". E quando o paciente está respondendo às injunções, o terapeuta apresenta as sugestões, porque o paciente mostrou que quer responder.

Ao fazer induções de hipnose, Erickson começava dizendo, por exemplo: "Quero lembrá-lo de algo que aconteceu há muito, muito tempo" e continuava, "quando você começou a aprender a escrever as primeiras letras do alfabeto foi muito difícil... você colocava um ponto no T e cortava o I? Quantos morrinhos têm na letra N e na M? De qual lado da bolinha da letra D você colocou o palito?... e na B, e na P?... e enquanto estou falando com você seu pulso mudou, sua pressão arterial mudou, seu tônus muscular mudou". Esta é uma indução hipnótica completa. A primeira vez que vi Erickson fazer isso, pensei que havia se enganado, que não sabia o que estava fazendo, que não era hipnose. Eu pensava que hipnose era quando se dizia a alguém: "Fixe seus olhos neste relógio, seus olhos estão ficando com sono, mais e mais profundo". E ali estava Erickson contando uma história sobre aprender a escrever as letras do alfabeto. Gradualmente fui compreendendo o verdadeiro sentido dessa comunicação.

Vejamos as injunções que há nela. A primeira foi: "Entre em transe!" Nunca se diz a palavra hipnose. Nunca se diz: "Entre em transe!". No entanto, Erickson, sentado em sua cadeira, falava com você e olhava para o chão, e mudava o ritmo de voz e dizia: "*Quero lembrar de algo que aconteceu há muito, muito tempo*", e a mensagem em nível injuntivo era: "É hora de entrar em transe!" E isso era comunicado indiretamente pela mudança do tom de sua voz, pela mudança da direção em que falava. A segunda injunção foi: "Lembre-se!", mas a palavra lembra nunca foi dita, só em termos gerais. Erickson dizia: "Quero lembrar a você uma coisa", mas a injunção para o paciente era "Lembre-se!". A terceira injunção foi: "A hipnose é fácil!", e foi dita através de uma comunicação paralela. Erickson diz: "Aprender a escrever as letras foi uma tarefa difícil", mas para nós não importam as letras porque estamos interessados no processo hipnótico e a mensagem é "o que alguma vez foi difícil, agora é fácil". De maneira similar, a hipnose que pode parecer difícil, de fato é fácil. A quarta injunção foi: "Confunda-se!" Erickson perguntou: "Colocou um ponto no T e cortou o I?" Esta era a mensagem para confundir um pouquinho. A confusão é uma técnica muito poderosa para interromper o estado consciente e ajudar a surgir o estado de transe. A quinta injunção foi mais elegante. A quinta injunção foi: "Mergulha, absorva-se em suas lembranças!" E como se fez esta injunção? Erickson disse: "*Quero* lembrar a você algo que aconteceu... *foi* uma tarefa muito difícil, *Colocou* um pingo no T...?" e depois continuou: "Quantos morrinhos *há* na letra N e na M?" Quando foi do passado para o presente trocou a injunção de "Lembre-se!" para "Mergulha, absorva-se em seus pensamentos!", simplesmente trocando do presente ao passado e ao presente outra vez. A última injunção: "Sua pressão arterial está mudando, o ritmo de seu pulso esta mudando, seu tônus muscular está mudando". A injunção foi: "Você está respondendo, você está mostrando que está hipnotizado, mostrando uma quantidade adequada de condutas que aparecem na pessoa hipnotizada!"

Notaram que as injunções estão apresentadas seguidas por pontos de exclamação. Quando os pacientes chegam até nós, nos falam com exclamações. O paciente diz ao terapeuta: "Este é meu problema, sou uma vítima!". A injunção que o paciente faz ao terapeuta é: "Sou vítima!", e o terapeuta tradicionalmente responde ao paciente com interrogações: "Como se tornou vítima?". Muito bem, se vocês colocam exclamações e interrogações para lutarem, as exclamações quase sempre saem ganhando. As exclamações são mais poderosas do que as interrogações. De modo que se o paciente está se comunicando em um nível injuntivo

"Sou uma vítima!", o que temos que dizer a ele no mesmo nível é "Você é vitorioso! Você é vitorioso! Você pode conseguir isto!" O paciente se diz vítima e não consegue sair da depressão, e nós respondemos: "Você é vitorioso! Você pode conseguir!"

Nossas comunicações com ele são através de injunções e não através de induções que são bem menos poderosas. Uma coisa importante que quero dizer é que o valor da comunicação não está relacionado a sua complexidade ou a sua inteligência, mas sim na resposta que provoca. De forma que as injunções são interessantes na medida em que o paciente responde a este nível de comunicação. Se vocês observarem os vídeos de Erickson, o que ele faz poderia ser chamado de hipnose, mas também poderíamos dizer que está treinando o paciente a responder ao nível injuntivo de sua comunicação. E o faz de uma forma realmente poética.

Durante o seminário, o Dr. Zeig mostrou um vídeo de Erickson que não vamos transcrever aqui devido a seu conteúdo confidencial. Vamos revisar o processo da terapia através de um texto tirado de Seminários didáticos com Milton H. Erickson M. D. (Zeig, 1995), *que também foi analisado pelo Dr. Zeig nesta ocasião.*

Quando observarmos Erickson trabalhando, dentro de alguns minutos, poderão se dar conta de como ele já tem o diagnóstico pronto desde o princípio. É muito diferente da maneira que aprendi na escola. Ensinaram-me que primeiro teria de obter informações diagnósticas e fazer muitas coisas antes de continuar. Erickson fazia terapia de uma maneira muito diferente. Em vez de dizer: "Preparar, apontar, fogo!", dizia: "Preparar! Fogo!" e depois apontava. E esta idéia de "preparar, fogo, apontar", provém de Thomas Peters que escreveu sobre as companhias norte-americanas muito bem sucedidas. As companhias mais bem sucedidas usam o "preparar, fogo e apontar". Trocam o enfoque de acordo com a resposta que têm. Erickson não colhia muita informação diagnóstica porque pensava que o importante era trabalhar o mais rápido possível. O diagnóstico ia sendo criado durante o processo, por isso não teria que começar fazendo um diagnóstico longo, demorado.

Se o paciente chega de ré e vocês querem que coloque a primeira, é preciso passar pelo ponto morto. A indução hipnótica corresponde a passar pelo ponto morto, enquanto colocar a primeira significa procurar recursos.

O propósito da intervenção principal é fazer surgir recursos. Depois de conseguirem eliciar recursos, o que vão fazer? A terapia ainda não terminou. Prepararam o cenário e realizaram a intervenção principal. Falta o acompanhamento.

No acompanhamento, é necessário dar instruções de processo. As instruções de processo são uma história, um símbolo ou uma tarefa que diz ao paciente como utilizar o recurso que surgiu com a intervenção principal. E tudo isso, mediante idéias simples. Mas quando Erickson começa a trabalhar em um ponto, ele o faz tão metodicamente e dramaticamente que uma simples idéia ganha vida. Quando pega essas idéias simples, as transforma em injunções e desenvolve um processo, elas adquirem muito mais força.

Não acredito que sejam necessárias idéias muito profundas. Creio que a terapia é uma questão de bom senso. Mas como terapeutas podemos ter um sentido profundo do processo, saber como estabelecer o processo para que as idéias simples ganhem vida. Para dizer isto, vim de Phoenix até a Cidade do México. Esta é a simplicidade do seminário. Peguem idéias simples e estabeleçam um processo para que, de maneira injuntiva, criem vida. Além do que, creio que sentir-se-ão muito bem ao fazê-lo.

Tudo deve ser posicionado dentro de um processo, mesmo que não pareça. (ver Apêndice 1).

A este respeito, vou contar-lhes uma história. Conheci Carl Whitaker, um grande terapeuta familiar, quando estava organizando o primeiro Congresso Ericksoniano. Organizei-o como um presente para Erickson, mas ele morreu sete meses antes, assim, foi feito em sua memória. Quando Erickson morreu havia 750 pessoas inscritas, de modo que recebeu parte do presente. Gregory Bateson, que era outro de meus principais palestrantes, também morreu quatro meses antes do congresso. Meus dois principais oradores morreram. Liguei para Carl Whitaker e disse: "Carl, Bateson morreu, Erickson morreu, quer ser meu palestrante principal?", ao que ele respondeu: "Está louco", e aceitou vir porque amava Bateson tanto quanto eu amava Erickson. Dei a ele uma cópia do livro *Seminários didáticos com Milton H. Erickson, M.D.* (Zeig, 1995), que acabava de ser publicado e fui visitá-lo antes da reunião. Ele me disse: "Esse Erickson tinha algo de hemisfério esquerdo[2], sabe? Já li este livro duas vezes e nunca havia lido um livro duas vezes. Este Erickson tinha sua parte de hemisfério esquerdo". Eu respondi:

2 O hemisfério esquerdo é o da razão, da conciência e da lógica (Nota de Teresa Robles).

"É possível, ele era uma pessoa radicalmente de hemisfério direito, muito intuitivo, via um pouquinho disso e logo um pouquinho daquilo". Whitaker repetiu: "Tinha hemisfério esquerdo!" E Whitaker tinha razão. Erickson tinha um pouquinho de hemisfério esquerdo e isso lhe permitia semear as idéias, preparar tudo antes da intervenção principal, tudo o que fazia antes era porque já sabia que, mais adiante, ia contar um relato que evocaria as idéias que antes havia semeado. É muito impressionante que haja um mortal que possa ser tão preciso e tão intuitivo ao mesmo tempo.

Outro ponto muito importante que têm que recordar é utilizar tudo que o paciente trouxer. Se alguém chega com angústia flutuante podem transformá-la em sensação de flutuar. Se perguntam a outro o que lhe interessa e ele diz que é nada, podem referir-se a maravilhosa sensação de "nadeza".

Amanhã terminaremos de discutir sobre o processo e poderemos supervisionar alguns de seus casos difíceis. Creio que é tudo por hoje. Até amanhã.

No dia seguinte.

Hoje vou iniciar minha palestra com uma frase que diz assim: "Eu sei que você acredita que entende o que você crê que eu disse, mas eu não estou certo de que você se dê conta de que o que você escutou não é o que eu quero dizer" (e repete). Este é um exemplo de uma indução confusional que foi feita pelo presidente dos Estados Unidos Richard Nixon.

Agora vamos ler e comentar uma parte do livro *Seminários didáticos com Milton H. Erickson, M. D.* (Zeig, 1995) para entender o processo da terapia. É o caso de Monde, citado na segunda-feira deste seminário. Vamos parando para analisar o material. Depois de ler a primeira parte, faremos um breve diagnóstico da paciente. Queremos descobrir o que ela valoriza. E depois observaremos as diferentes intervenções que Erickson utiliza. Permitam-me dizer-lhes, desde já, que a intervenção principal é um deslocamento. Erickson vai mover a fobia desta mulher de seu corpo para a cadeira ao lado, mas, antes, para preparar o processo, vai fazer uma série de intervenções que se encontram descritas na coluna central do *Apêndice 1 - Embrulho para presente e processamento* (p.259). Quero que primeiro prestem atenção no diagnóstico e, ao iniciar a terapia, observaremos as distintas intervenções que constituem o processo para preparar, intervir com o deslocamento, e continuar com o acompanhamento. Cada uma das técnicas da coluna central pode ser utilizada, seja como intervenção principal, seja para preparar o processo para a intervenção principal. De vez em quando vamos parar para fazer comentários.

> E agora, em 1972, uma mulher de 35 anos, casada, muito bonita, tocou a campainha de meu consultório. Sua declaração, ao entrar, foi a seguinte: "Dr. Erickson, tenho fobia de avião. E esta manhã meu chefe me disse: 'Você deve ir de avião para o Texas na quinta-feira e voltar no sábado.' E disse-me ainda que: 'Ou você vai e volta de avião ou perde seu emprego.'" Ela então disse: "Dr. Erickson, sou uma programadora de computadores e tenho programado computadores por todos os Estados Unidos."
>
> "Em 1962, há dez anos, o avião no qual eu viajava sofreu um desastre. Não houve nenhum dano com o avião e ninguém a bordo ficou ferido. E nos cinco anos seguintes, viajei de avião, de Phoenix a Boston, New York, New Orleans, Dallas, por tudo que é lugar. Cada vez que estive num avião, em vôo, passei a sentir cada vez mais medo. E, finalmente, meu medo se tornou tão grande, que eu tremia visivelmente por todo o corpo. (Erickson demonstra). E ficava de olhos fechados. Não conseguia ouvir meu marido falando comigo, e

nessa época minha fobia era tão grande que, quando eu chegava ao lugar onde ia fazer meu trabalho, até meu vestido ficava molhado de suor. Chegou a tal ponto que eu tinha e ir para cama por umas oito horas e dormir antes de fazer meu trabalho. Por isso, passei a viajar para os diversos locais de trabalho de trem, de ônibus, de carro. Minha fobia de avião é muito peculiar. Consigo ir pela pista de rolamento até o final da rampa. Mas, na hora em que o avião se levanta do chão, começo a tremer e fico tomada de medo. Mas quando o avião aterrissa numa parada intermediária, no chão, me sinto muito à vontade. Consigo ir pela pista para o aeroporto, e até a rampa."

"Por isso, comecei a me servir do carro, do ônibus e dos trens. Finalmente, meu chefe se cansou do fato de eu usar minhas férias, minhas licenças e meus horários permitidos de ausência para viajar de ônibus, carro ou trem. Esta manhã me disse: 'Ou você faz o vôo para Dallas ou perde o seu emprego.' Eu não quero perder o meu emprego. Gosto dele."

O que sabemos desta mulher em termos de diagnóstico? É visual, auditiva ou cinestésica em sua descrição? Cinestésica, ela não faz uma descrição visual. É ampliadora ou redutora? Provavelmente ampliadora em sua descrição e também, apesar de ainda não termos visto, é submissa. Já sabemos o bastante, por enquanto. Agora, teremos a primeira intervenção:

> Então eu lhe disse: "Bem, como quer que eu trate sua fobia?"

Que tipo de intervenção é esta? Isto é um exemplo de que? "Como quer que eu trate sua fobia?" É uma sugestão indireta simples, uma pressuposição. Pressupõe que a fobia vai ser tratada. É uma pressuposição do processo.

> Respondeu: "Pela hipnose." Respondi: "Não sei se você é um bom sujeito hipnótico." Prosseguiu: "Na faculdade eu era." Continuei: "Isto foi há muito tempo. Como será agora?" Respondeu-me: "Excelente." Disse-lhe então: "Vou ter de testá-la."

Este é um exemplo de outro tipo de intervenção. Comunicação paralela para provar sua motivação. "Como quer eu que trate sua fobia?", "pela hipnose", "não sei se você é um bom sujeito hipnótico", "na faculdade eu era", "vou ter de testá-la". Está desafiando-a para que mostre sua motivação através de uma comunicação paralela, não está perguntando: "Você está motivada para resolver seu problema? Está realmente motivada?" Está dizendo a ela: "Está motivada a trabalhar com hipnose?" E ela demonstra que está realmente motivada a trabalhar com hipnose e ao fazê-lo, por implicação, demonstra que está motivada para a terapia. Uma das primeiras intervenções que precisa fazer é redefinir ou reenquadrar o problema e proporcionar expectativas claras ao paciente de que este problema vai ser tratado. Quando já estiverem certos de que esta pessoa tem expectativas positivas, façam surgir a motivação. Lembram-se que ontem vimos a linha do tempo da terapia? Conforme vamos nos movendo através dela, uma das primeiras coisas a fazer é criar expectativas positivas para o paciente. Quando Erickson pedia a um de seus pacientes que levitasse sua mão, ele esperava que o paciente o fizesse. Realmente acreditava que o paciente podia fazê-lo. Se lhe pedia que tivesse uma alucinação, esperava, acreditava que o paciente podia fazê-lo. Se lhe pedia que mostrasse controle fisiológico sobre sua pressão arterial, esperava, acreditava que o paciente podia fazê-lo. Suas expectativas eram 100% a favor da saúde e do bem-estar do paciente. Não sei como transmitir e enfatizar a vocês o quão importante é criar no paciente expectativas positivas. As pessoas realmente respondem. Depois de criar expectativas positivas, se evoca a motivação. Lembrem-se que a motivação é o mais importante. Isso é um padrão comum no trabalho de Erickson: cria expectativas e promove motivação, ao mesmo tempo em que demonstra empatia e acompanha, segue as experiências dos pacientes, desde os primeiros momentos da terapia.

> Ela era de fato um sujeito bastante hipnotizável. Despertei-a e disse-lhe: "Você é um bom sujeito hipnótico. Realmente não sei como você se *comporta* num avião, por isso quero colocá-la num transe hipnótico e fazer com que você tenha a alucinação de estar num avião a jato[3] a dez mil metros de altura." Assim, ela entrou em transe e teve a alucinação de estar num jato a dez mil metros de altura. A forma como bamboleava e tremia toda era uma visão muito desagradável. Fiz com que tivesse a alucinação de uma aterrissagem.

Que tipo de intervenção é esta? Prescrição de sintoma, ela está vivendo o sintoma no consultório. É

[3] Nota de Teresa Robles: Em inglês *jet*, que soa como *yet*, que significa "ainda".

uma prescrição hipnótica do sintoma. A prescrição é feita em estado de transe. Ao produzir o sintoma no consultório, ela demonstra ter controle sobre ele. Se pode ter controle em uma direção, pode ter em outra.

Vou dar-lhes uma definição de psicoterapia: a psicoterapia funciona quando produz uma mudança em um padrão habitual de comportamento. De modo que, se conseguem que o problema piore um pouquinho, estão fazendo terapia, já que isso implica que podem melhorar. Se conseguem fazer com que o problema ocorra aqui, estão fazendo terapia, porque já conseguiram uma pequena mudança no padrão habitual. O problema estava acontecendo lá, mas se conseguem fazê-lo acontecer aqui, estão fazendo terapia. A terapia ocorre sempre que ocorre uma mudança em um padrão habitual de comportamento.

Que fez Erickson? Eficazmente, de maneira injuntiva, deslocou o problema do avião para o consultório. Está dando pequenos passos, fazendo intervenções significativas, mudanças estratégicas mínimas no problema. De fato, são duas mudanças: 1) está demosntrando que ela tem algum tipo de controle, já que pode reproduzir o sintoma no consultório, sob a direção de Erickson, e 2) ela deslocou o sintoma do avião para o consultório, o que implica que, se ela pôde movê-lo uma vez, pode movê-lo duas.

Esta intervenção é uma semente. Está semeada a idéia de movimento. Se está semeando movimento aqui, neste ponto, podemos estar certos de que mais tarde a intervenção principal terá algo a ver com mover o problema. Inicia-se assim um fluxo ao longo do processo e haverá outra série de passos que conduzirão até o ponto em que a intervenção principal será apresentada. Tudo isto é parte da preparação. Depois teremos o acompanhamento.

> Disse-lhe: "Antes de ajudá-la, quero que entenda uma coisa. Você é uma linda mulher nos seus trinta anos. E eu sou um homem. E embora eu esteja numa cadeira de rodas, você não tem conhecimento da extensão de minhas deficiências. Bem, quero que você me prometa que fará tudo o que eu lhe pedir, seja bom ou mau."

Que intervenção é esta? Consulte a lista (*Apêndice 1*, p.259). Podemos chamá-la de Ordália ou de apresentar uma alternativa pior. Mas em outro nível há uma prescrição emocional do sintoma. Ela veio vê-lo porque está assustada e Erickson faz uma insinuação sexual.

Suas primeiras intervenções não estão objetivando diminuir sua tensão. Pelo contrário, demonstra que pode aumentá-la. A implicação é que se a tensão pode ser aumentada, pode ser diminuída. Esta intervenção é, também, o que eu chamaria de um reenquadramento. "Antes de fazer a terapia, quero que entenda uma coisa". E depois, pede a ela que prometa que fará o que ele pedir, qualquer coisa, boa ou ruim. Creio que é mais fácil fazer uma intervenção assim com uma mulher atraente se você for um homem de 75 anos e está em uma cadeira de rodas. Eu não faria isso em meu consultório. De mais a mais, o contexto mudou desde então e creio que uma intervenção como esta não seria aceita pela ética profissional moderna. Agora são outros tempos e eu sou uma outra pessoa. Fiz uma vez uma intervenção similar com um paciente homem, mas, em geral, considero que é preciso ser muito cuidadoso com estes tipos de intervenções e recomendo a vocês que sejam cuidadosos também se vierem a usar algo deste estilo.

> Ela pensou durante uns cinco minutos e depois disse: "Nada que você pedir pode ser pior do que minha fobia de avião." Eu lhe disse: "Agora que você fez esta promessa, vou colocá-la em transe e

> pedir-lhe para fazer uma promessa semelhante." Em estado de transe, ela fez a promessa imediatamente. Despertei-a e disse-lhe: Você deu sua palavra tanto em estado de transe quanto em estado de vigília, fez uma promessa completa."

Esta é uma parte muito bonita que mostra a atitude mental que Erickson procurava. Demorou cinco minutos em estado consciente para que fizesse a promessa, o que significa que sua mente não estava segura. Então ele disse: "Quero que prometa em estado de transe". Em estado de transe, fez a promessa imediatamente. Isto significa que sua mente consciente devia estar um pouco desconfiada, mas sua mente inconsciente dizia "sim" imediatamente. Este pequeno passo extra de não só obter a promessa em estado consciente, mas também em estado de transe, soma muito poder.

Até esse momento, ela concordou em entrar em transe, mostrou um estado de transe, mostrou seu problema, fez uma promessa, fez uma promessa em transe. Erickson estabeleceu situações nas quais ela respondeu: "sim, sim, sim". Agora já pode apresentar-lhe a intervenção principal. Mas só depois de ter obtido como resposta "sim". Em hipnose, chamamos esta forma de sugestão indireta "yes set". Criamos na pessoa a tendência de responder "sim" e dessa forma, continua respondendo sim. Por exemplo, "Está interessado em hipnose", "sim", "lhe interessa a terapia ericksoniana", "sim", "outras formas de terapia lhe interessam", "sim", "e pode atualizar isso que lhe interessa assistindo à Conferência *A Evolução da Psicoterapia*, em Anaheim, em dezembro próximo", "sim". (Risos). Acreditam nessa tendência e se movem com ela.

Passemos à intervenção principal

Continuei: "Agora posso tratar a sua fobia de avião. Entre em transe e imagine estar a uma altura de dez mil metros, viajando a mil quilômetros por hora." Ela tremia aterrorizada, curvava-se e sua testa tocava os joelhos. Disse-lhe então: "*Agora*, quero que você faça o avião baixar, e, no momento em que aterrissar, todos os seus medos e fobias, ansiedades e tormentos passarão do seu corpo para esta cadeira a seu lado." Assim, ela imaginou a aterrissagem, despertou do transe e, saltou da cadeira com um grito e correu para o outro lado da sala, dizendo: "Eles estão ali! Eles estão ali!" (Erickson aponta para a cadeira verde.)

Neste momento, parece que a terapia acabou. Já foram feitos a preparação e a intervenção principal. Mas sabemos que a terapia não pode acabar até que se faça um acompanhamento adequado. Agora vamos observar o acompanhamento, uma parte muito importante do processo. Provavelmente, Erickson estava utilizando as palavras dela: angustia e torturas endemoniadas. Além de utilizar as palavras dela, estava utilizando seu processo, porque, quando o avião aterrissava, ela se sentia bem. Ele utilizou as duas coisas: a linguagem e o processo dela e, através deles, sugeriu que a fobia fosse do corpo para a cadeira. De modo que ela sai do transe e diz: "estão aí, estão aí!".

É muito importante lembrar o contexto no qual Erickson estava contando esta história. Está contando-a a um grupo de terapeutas que vieram do mundo todo para assistir a um seminário. Estas pessoas iriam se sentar na cadeira verde, que era onde Erickson fazia suas demonstrações de hipnose. Desse modo, ele não está apenas contando uma história interessante sobre um caso de terapia, está também, preparando o trabalho dessa semana. Se vocês fossem os terapeutas que estavam naquela sala, pensariam na cadeira. Erickson está falando dos temores que existem na cadeira e, como conseqüência, o pensamento compartilhado pelas pessoas que assistem ao seminário é: "É estúpido, é ridículo, não existem medos na cadeira". Esta é uma associação muito construtiva porque à medida que a semana for passando, Erickson pedirá para que diferentes pessoas assentem-se na cadeira, e fará demonstrações de hipnose. De acordo com seu estilo, Erickson estava trabalhando em dois níveis distintos. Narrava este caso para preparar o trabalho futuro com esse grupo, para mostrar um exemplo interessante de terapia e também tinha alguma relevância para a pessoa que, no seminário, havia sido paciente um pouco antes[4]. Erickson havia feito uma demonstração de terapia e depois contou algumas histórias para ajudar a mulher com a qual havia feito a demonstração. É um trabalho em níveis múltiplos.

> Chamei a senhora Erickson à sala e disse-lhe: "Betty, sente-se nesta cadeira." (Erickson aponta.) E a paciente disse: "Por favor, senhora Erickson, não se sente nesta cadeira." A senhora Erickson continuou andando em direção à cadeira, a paciente correu para lá e impediu Betty de sentar-se. Então, dispensei Betty."

---

[4] Para maiores informações, ver páginas anteriores no livro *Seminários didáticos com Milton H. Erickson, M. D.* (Zeig, 1995).

Por que trazer a senhora Erickson? É uma intervenção pós-hipnótica. Depois do transe, a primeira coisa que faz é ratificar as mudanças. Com a entrada da senhora Erickson, a paciente demonstra que a fobia foi deslocada. Está demonstrando em um cenário social novo. É uma prova verdadeira. Não está demonstrando apenas para si mesma que a fobia foi deslocada. Não está demonstrando nada mais para o Dr. Erickson. Agora está demonstrando também para um estranho. Em um novo cenário social, ratifica que o medo está aí.

> ... Voltei-me para a paciente e disse-lhe: "Sua terapia está terminada. Faça uma ótima viagem para Dallas e, quando voltar a Phoenix, telefone-me do aeroporto e diga-me o quanto apreciou a viagem de avião."

Uma sugestão pós-hipnótica depois da intervenção de reenquadramento. Primeiro Erickson disse: "Antes de ajudá-la, quero que entenda uma coisa", depois deslocou a fobia e disse: "Sua terapia está terminada". O reenquadramento está terminado. Mas depois de terminar o reenquadramento, Erickson vira-se para ela e diz: "Aproveite sua viagem a Dallas e de retorno a Phoenix, ligue-me do aeroporto para contar o quanto apreciou os vôos". O que ela tem que fazer para poder ligar para ele? Tem que apreciar os vôos. Esta é uma forma diferente de pressuposição em uma sugestão pós-hipnótica. Ela concordou com o quê? A paciente prometeu fazer tudo, qualquer coisa que Erickson lhe pedisse, prometeu de maneira consciente e inconsciente. Assim, depois de reenquadrar, volta-se para ela e diz: "Desfrute!"

> Depois que ela saiu, fiz minha filha tirar uma foto superexposta da cadeira, (Erickson aponta), uma outra subexposta, e uma fotografia com a exposição adequada. Coloquei-as em envelopes separados. Rotulei a foto superexposta de: "Jazigo perpétuo de suas fobias, medos, ansiedades e tormentos caindo vagarosamente no esquecimento da escuridão eterna." Rotulei a foto subexposta de: "O jazigo perpétuo de seus medos, totalmente dissipado no espaço externo." E a fotografia exposta adequadamente de: "O jazigo perpétuo de seus medos, fobias e ansiedades."

O que é isso? O uso pós-hipnótico de símbolos para representar o problema e para representar a solução. O tempo e energia gastos para mandar estes símbolos mostram a gentileza e bondade de Erickson. Vocês podem imaginar o que significa para o paciente o fato dele usar tanto tempo extra para isso?

Atualmente estou revendo os arquivos de Erickson para pegar sua correspondência e incluí-la no próximo livro que vou editar. No arquivo de seus pacientes, há um registro de todos os seus casos: nome, endereço, telefone, ocupação, educação, estado civil, número de filhos, problema. Procurei este caso, fobia, e a única coisa que havia no arquivo eram três fotos da cadeira verde, uma superexposta, uma subexposta e outra com exposição normal. Erickson guardou cópias destas fotos em seu arquivo.

> Enviei os três envelopes pelo correio. Ela os recebeu na quarta-feira de manhã. No sábado, recebi um telefonema excitado do aeroporto: "Foi magnífico" Extraordinariamente magnífico, a experiência mais linda da minha vida!"
>
> Como vêem, era um pouco ampliadora.
>
> Disse-lhe então: "Você se disporia a contar sua história para quatro alunos meus que estou supervisionando para os exames de Ph.D.?"

Respondeu-me que sim e combinei para que viesse às oito horas.

Às oito horas, ela e o marido entraram na casa. Ela andou em volta da cadeira, mantendo-se tão longe quanto possível e sentou-se no lugar mais distante daquela cadeira. Os estudantes chegaram cinco minutos depois e um deles ia sentar-se na cadeira. Minha paciente disse: "Por favor, por favor, não sente nesta cadeira."

O aluno disse: "Já me sentei nela antes. É uma cadeira confortável e vou sentar-me de novo." A paciente disse: "Por favor, por favor, não faça isso." O aluno respondeu-lhe: "Bem, eu já me sentei no chão antes e vou sentar nele agora, se isso lhe satisfaz." A paciente agradeceu: "Muito obrigada."

Contou aos alunos o caso, incluindo a história sobre as fotos que lhe enviei. Disse-nos: "Levei as fotos comigo, da mesma maneira que se carrega um talismã, um objeto de sorte, um pé de coelho, ou uma medalha de São Cristóvão. Fizeram parte da viagem na minha valise de mão. A primeira parte da viagem foi para El Paso. Eu estava à vontade, e pensando quando começaria a turbulência aérea. Havia uma escala de vinte

> minutos em El Paso. Desembarquei, fui para um lugar calmo no aeroporto, entrei em transe e disse: 'O Dr. Erickson quer que você aproveite a viagem. Faça o que o Dr. Erickson lhe disse para fazer.'"

Nem foi preciso que ela estivesse consciente da promessa. Cumpriu-a muito bem.

> "Retomei o vôo e a viagem de El Paso para Dallas foi maravilhosa. Na viagem de volta de Dallas, lá no alto, tudo o que eu via abaixo era um banco de nuvens com buracos aqui e ali. Podíamos olhar através destes buracos e ver a terra lá longe, lá embaixo. Foi uma viagem fantasticamente linda."

Isto prova que ela já superou o problema. Porque esta é a primeira referência visual que faz. Daqui a alguns minutos, veremos como isso é uma prova.

> Eu lhe disse: "Agora, eu gostaria que você entrasse em transe, exatamente aqui e agora." Ela o fez. Eu lhe disse então: "Agora, neste transe, quero que vá até o aeroporto de Phoenix, compre uma passagem para São Francisco, e admire o panorama em todo o percurso até lá, especialmente a montanha."

Essa técnica se chama Técnica de Ensaio. Vamos para o futuro e imaginamos como é estar lá sem o problema. Quando Erickson menciona a montanha, está semeando. Traz a idéia da montanha para orientá-la até a altura. O tema ao qual vai se referir agora é a altura. Prestem atenção na importância do semear na terapia ericksoniana. Ele sabia que trabalharia com altura por isso menciona a montanha. Acabo de escrever um artigo sobre a técnica de semear, pois não havia nada sobre ela. Será publicado em um livro que se chama *Brief therapy: myths, methods and metaphors* (Zeig e Gilligan, 1990) (Terapia breve: mitos, métodos e metáforas).

O semear é muito importante, poderíamos passar muito tempo falando sobre esta técnica. No momento, vou apenas mencioná-la. Depois, vocês poderão consultar o artigo.

> "... Quando chegar em São Francisco, desembarque, alugue um carro e guie até a Ponte Golden Gate. Estacione o carro, ande até a metade da ponte e olhe para baixo."

Provavelmente, mesmo que Erickson não tenha dito, essa mulher começou a tremer, a ficar assustada novamente. Talvez Erickson tenha errado por não falar, mas está claro pelo resto da história que, quando ele disse isso, ela se assustou. Quando ela se assustou, Erickson fez outra intervenção: contou uma história que é uma metáfora e que, mais uma vez, inclui vários níveis, uns dentro dos outros. Uma história é incluída dentro de outra. A técnica está muito bem descrita por Stephen e Carol Lankton (1983) em seu livro *The answer whithin* (A resposta interior).

> "... E vou lhe contar um pouco da história desta ponte. As colunas que a sustentam têm 250 metros de altura. Quando as obras da ponte acabaram, um dos trabalhadores que pintara a ponte tinha uma rede na ponta de uma vara comprida, capturou umas gaivotas marinhas e pintou suas cabeças de vermelho. Um dia, um repórter atirado publicou uma história no jornal sobre uma nova cria de gaivotas com cabeças vermelhas. Seu nome era Jake. Isto tudo é verdade, de fato."
>
> "Agora então, olhe as ondas lá embaixo, a espuma no topo das ondas e observe as gaivotas. Então, começará um nevoeiro e você não conseguirá ver nada. Volte para o carro e retorne ao aeroporto, e use sua passagem de volta para Phoenix, e venha do aeroporto diretamente para cá."

Ela acordou do transe e disse aos estudantes: "Tenho de contar-lhes sobre minha viagem a São Francisco e sobre este detestável Jake." O marido comentou: "Sabia que ela não gostaria disso. Ela era uma adepta da ecologia." (Erickson ri.) E, quando ela acabou de contar a história, disse: "Vim para cá diretamente do aeroporto. Oh! Meu Deus! Eu estava em transe e pensei que tinha ido para lá."

Mas quando lhe fiz uma pergunta importante: "Que outro problema importante você superou na sua viagem para Dallas?", ela me respondeu: "Eu não tinha nenhum outro problema, só minha fobia de avião." Eu respondi: "Tinha sim, tinha um problema que a atormentava muito. Não sei há quanto tempo você o vinha tendo. Agora você o superou. Mas conte aos alunos qual era o problema." Ela disse sinceramente: "Eu não tenho nenhum outro problema." Então eu disse: "Sei que você não tem mais nenhum problema agora, mas qual foi o outro problema que você resolveu em Dallas?" Ela respondeu: "O senhor terá que me dizer." Eu respondi: "Não. Eu só vou lhe fazer uma pergunta e então você saberá qual era o problema."

Na seqüência, Erickson pergunta aos espectadores do seminário qual era o problema dela. Ele diz que ela tinha três problemas graves e os desafia a adivinhar. Tinha. Isso quer dizer que já foram solucionados.

Isso acaba virando um exercício para os alunos, uma tarefa diretiva. Erickson os está desafiando, no consultório, no Seminário Didático, para que pensem flexivelmente. Por que Erickson suspeitou que essa mulher não tinha apenas uma fobia por aviões? Utilizou uma técnica para pensar que é muito instrutiva. Quando o paciente entra e diz: "Tenho um problema", prestem atenção. Pensem: Este problema é um exemplo de quê? Isso é parte do diagnóstico que vimos ontem. O problema pode ser uma amostra, um caso de uma classe mais ampla. De maneira que temos que pensar em duas direções diferentes. Uma é esmiuçar, pegar o problema e dividi-lo em pedacinhos. A outra é juntar, pensar no problema e vê-lo como amostra de algo mais. Erickson estava pensando nesta direção e se deu conta, compreendeu que este problema era uma amostra de algo mais. Sabia que havia outros aspectos, por isso a levou a fazer esta viagem na imaginação. Está realizando um acompanhamento importante. Ao invés de pegar o seguimento isolado está se dirigindo à classe a qual o problema pertence. Dessa maneira, garante que seu acompanhamento seja completo. O que vocês acham que é? (Várias respostas). Medo do êxito não é... Exatamente, é algo relacionado a avião e ponte. Pensem o que pode ser ou significar. Talvez seja algo que simboliza chegar em lugares, fazer mudanças, ter êxito, pode ser algo mais. Só poderemos saber se a entendermos, se entendermos a paciente.

> (Erickson faz um "não" com a cabeça.) Eu disse a ela: "Você tinha outro problema que você solucionou. Agora, qual era este problema? Vou lhe fazer uma simples pergunta: Qual a primeira coisa que você fez em Dallas?" Ela disse: "Oh! Aquilo?! Eu fui até aquele prédio que tem quarenta andares e tomei o elevador desde o térreo até o terraço." Perguntei: "Como você costumava tomar o elevador?" Respondeu: "Eu costumava tomar o elevador do primeiro até o segundo andar, saía, tomava outro elevador, e ia até o terceiro andar, saía, esperava outro elevador e ia até o quinto andar. Toda subida do elevador, um andar de cada vez. Estou tão acostumada a fazer isto que não o encarei como um problema."
> (Um aluno do seminário de Erickson pergunta:) "Medo de altura?"

(Erickson faz que “não” com a cabeça.) Ela disse: “Posso subir a bordo do avião. Posso ir pela pista à vontade. Posso voltar até o final da pista. Mas no momento que o avião decola, entro num tremor fóbico.” Ela tinha medo de espaços fechados, onde não havia meios visíveis de apoio. O avião é um espaço fechado, sem meios visíveis de apoio; a mesma coisa com um elevador.

Eu lhe disse: “Agora, qual era o outro problema?” Ela respondeu: “Não sei de nenhum outro problema. Se o senhor diz que existe, deve ter havido outro problema.” Falei então: “Você tinha de fato outro problema. Já o solucionou. Ora, quando não estava viajando de avião, estava viajando de carro, de ônibus, de trem. Você não tinha nenhum problema no trem. Mas o que acontecia no carro e no ônibus? E quando você chegava a uma ponte suspensa, muito grande?” Respondeu: “Oh, aquilo? Eu costumava abaixar-me, rente ao chão, ficar de olhos fechados e tremia toda. Tinha de perguntar a algum estranho: “O ônibus já passou a ponte?” Meus alunos sabiam que eu sabia disso porque eu induzira-a a fazer uma viagem hipnótica para São Francisco, e fizera com que ela caminhasse pela ponte.

> E, agora, a paciente vive a bordo de aviões. Ela e o marido passaram as férias viajando por toda a Austrália. Ela vai regularmente a Roma, Londres, Paris. E não gosta de ficar em hotéis. Prefere dormir a bordo e fazer as refeições no avião. E ainda tem aquelas três fotografias. E ainda tem medo daquela cadeira (Erickson aponta para a cadeira e ri.)[5]

Uma das coisas que Erickson fez com esta paciente foi uma dessensibilização sistemática. Na terapia de dessensibilização da abordagem comportamental, tensão e relaxamento são postos lado a lado, mais tensão, mais relaxamento, tensão, relaxamento, até que o problema se acaba com o relaxamento. O que Erickson fez foi utilizar emoções diferentes em lugar de relaxamento, para acabar com a fobia. Colocou-a tensa. Contou a ela esta história sobre gaivotas com as cabeças pintadas de vermelho e fez com que se enraivasse. A raiva bloqueou o medo. Assim, mais do que usar o relaxamento, utilizou o que ela valorizava. Como dava valor a ecologia, contou-lhe uma história sobre alguém que estava destruindo a natureza. Sentiu

[5] Tirado de: Zeig, 1995, pp. 92-98.

raiva e bloqueou a fobia. Erickson pensava que a única coisa a fazer com uma pessoa com este problema era colocá-la em uma situação fóbica e depois lhe mostrar que poderia viver essa situação sem sentimentos negativos. Depois disso, não havia mais necessidade de fazer terapia. Há outra parte sobre este caso no mesmo seminário. Erickson volta a ele na quarta-feira:

> Ora, a paciente com fobia de avião – eu não sou obrigado a acreditar em tudo o que me dizem. Não acreditei até que entendi as palavras dela. Quando me falou de fobia de avião, mas contou que podia caminhar dentro dele, e estar à vontade enquanto o avião deslizava na pista, mas que tinha a fobia logo que ele decolava, pude entender que ela não tinha fobia de avião. Tinha claustrofobia, nos espaços fechados onde outras pessoas se encarregavam da vida dela. E este alguém era um estranho, o piloto.
>
> Tive de aguardar até entender as palavras *dela*. Fiz com que desse a palavra de que faria qualquer coisa, de bom ou de mal. Consegui esta promessa com muito cuidado porque duplicava a entrega de sua vida nas mãos de um piloto estranho. Depois lhe disse: “Aproveite a viagem para Dallas.

> Aproveite a viagem de volta, depois me conte que aproveitou bastante." Ela não sabia o que eu pretendia com esta promessa. Eu sabia. E foi dito com tanta gentileza: "Aproveite a viagem de ida e volta." E ela prometera fazer tudo o que eu lhe pedisse. Não percebeu o que eu estava lhe pedindo. (Erickson sorri.)[6]

Tinha medo dos lugares fechados onde não tinha nenhuma referência visual, assim, quando conseguiu olhar para baixo e ver as nuvens, isto constituiu uma prova de que o problema estava solucionado, porque se encontrava em um lugar fechado, com um piloto desconhecido, e conseguia olhar para baixo.

Isto é a terapia ericksoniana. É muito simples. Durante estes dias venho destilando para vocês, de forma resumida, o que aprendi durante vinte anos estudando o trabalho de Erickson. E acredito que seja um bom resumo. O problema é que entender estes princípios é algo muito diferente de ser capaz de utilizá-los. Eu entendo, por exemplo, o que é a utilização, buscar uma referência experiencial, dividir o problema, encontrar a classe de problemas a qual pertence,

---

[6] Tirado de: Zeig, 1995, p. 182.

desenvolver o que o paciente traz. E, apesar de entendê-los, não posso usá-los tão bem quanto os explico. Mas espero que com outros dezessete anos de prática, terei desenvolvido uma maior fluência em minhas habilidades para utilizá-los.

Alguma pergunta? Bem, agora vamos dedicar um tempo para supervisionar alguns casos.

7
SUPERVISÃO DE CASOS

Durante as últimas horas do Seminário, o Dr. Zeig supervisionou cinco casos para ilustrar como os enfoques ericksonianos podiam ser trabalhados. A seguir, transcrevo três deles, já que dois foram eliminados por razões confidenciais. Primeiro, apresento cada um dos problemas e depois o diálogo dos terapeutas com Dr. Zeig.

Caso número 1

Terapeuta 1 - Trata-se de uma mulher casada, de quarenta e cinco anos, que chegou ao consultório e disse que há vinte anos sofre de depressão e diferentes fobias: de água, de altura, de pessoas, de gatos e claustrofobia. Além disso, tem um relacionamento muito ruim com uma filha de condutas esquizóides. Seu outro filho apresenta problemas na escola. Ela é a oitava filha em uma família de dez. Ela está confusa. Sua memória é ruim, tanto para acontecimentos recentes, quanto para distantes. Não consegue seguir uma linha de raciocínio, passando de um tema a outro. Não demonstra muito entusiasmo, ainda que às vezes demonstre irritação, principalmente quando fala de seus sogros e de sua filha. Veste-se elegantemente, bem arrumada, dizendo que se maquia mais quando se sente pior. Ao longo de diferentes sessões, vários temas se repetem: 1) vem de uma família muito numerosa, onde os pais são muito distantes, 2) seus sogros são muito absorvedores e não valorizam devidamente seu esposo, já que a sogra prefere o segundo dos dois filhos e 3) o comportamento de sua filha é a causa de todos os problemas da família. Fala de coisas que aconteceram no passado como se tivessem acabado de ocorrer, particularmente quando se refere a situações que envolvem seus sogros. Por exemplo, conta que eles constantemente incomodam seu marido falando por telefone; no entanto, eu sei que ficaram fora da cidade por três semanas. Quando voltaram, há dois dias, ligaram para o filho apenas uma vez. Não obstante, ela fala como se o fizessem a toda hora. Seu cartão de visitas é: "Meu marido e eu nos damos muito bem, não temos nenhum problema". Mas em uma entrevista com os dois juntos, percebi que não conseguem entrar em acordo. Depois de uma sessão com toda família e uma sessão com o casal, na qual propus a terapia familiar, ela conversou comigo por telefone e me disse que o que quer é terapia individual. Com freqüência liga para o consultório para perguntar-me qualquer coisa, por exemplo, se pode viajar, ou para dizer que sente-se mal.

Sobre sua família de origem, posso dizer que o pai era uma pessoa muito ligada à política. Quando era criança, tiveram que mudar de casa muitas vezes para que ele não fosse encontrado. Era uma família rica, com muitos empregados e babás, e a mãe não cuidava dos filhos pessoalmente. Ela disse que não se lembra se alguma vez seu pai ou sua mãe lhe fizeram um carinho. Também não possui lembranças de sua vida antes dos dezoito anos de idade.

Dr. Zeig - Gostaria de pedir-lhe que faça uma coisa muito difícil: que defina uma meta, seja qual for. Pode ser, inclusive, que defina várias metas primeiro e depois as descarte, mas se não o fizer, vai estar representando o papel de sua bondosa mãe, apenas a apoiando, sem fazer terapia. Talvez esteja tão mal que necessite de alguém de fora para fazer o papel de pai-mãe por um tempo, mas é indispensável que, enquanto isso, ela cresça e se modifique.

Uma meta que eu traçaria seria trabalhar com a função parental que viveu de forma tão deficiente. Neste sistema, pessoal e familiar, não há um bom cuidado dos pais com os filhos. Estava pensando o que faltava ali. O que faltou foi um bom relacionamento familiar. Ela está se esforçando desesperadamente para conseguir que o terapeuta seja seu pai e sua mãe. É um caso muito difícil, porque é preciso cumprir esta função de forma permissiva e protetora, mas ao mesmo tempo potente, para que não se converta em uma espécie de pilha ligada ao sistema que, mais cedo ou mais tarde, vai descarregar. É preciso ajudá-la a desenvolver seu próprio alternador. Nos carros, há um alternador que recarrega a bateria. Ao escutá-lo, fiquei pensando: com que se parece este problema? Se parece com um carro sem alternador. A energia é despendida e não volta ao sistema para ser reaproveitada. Outra maneira de vê-lo é como se a pessoa tivesse ficado congelada no tempo. As pessoas que sofreram abuso sexual, muitas vezes, ficam congeladas no tempo. Ficam em um nível regressivo e não amadurecem. Ela está agindo como uma menina, não amadurece. Isto nos leva, mais uma vez, a exercer com ela a função de pai e mãe. Como pode chegar a ser sua própria mãe? Como pode incentivá-la a adquirir a capacidade de ser sua própria mãe, seu próprio pai? Como construir situações nas quais possa funcionar como uma mãe poderosa, permissiva e protetora, para que, dessa maneira, internalize o papel de mãe dela mesma?

De outro modo, você se transforma em uma pilha que só pode dar energia durante um tempo, sem que ela aprenda a ser sua própria mãe. Talvez, se ela for complacente, eu usaria diretivas e pediria que fizesse coisas boas para ela mesma, para outras pessoas ou para causas humanitárias. Isso faria com que ela aprendesse o papel de mãe. Se ela for mais desafiadora, pode proibi-la de fazer tarefas maternais durante uma semana. Pode dizer que ela já fez o bastante para ela mesma e para os outros durante sua vida e que, nesta semana, tire umas férias. A meta seria construir uma mãe interna que funcione de maneira natural, espontânea. Acredito que este caso precisará de terapia por um bom tempo. Acha que esta meta é apropriada para ela?

Terapeuta 1 - Acho que sim. O senhor acha que seria conveniente fazer uma regressão e que, em algum momento de sua infância, ela poderia aparecer como mãe dela mesma: uma mãe boa, firme e carinhosa? O senhor acha que ela agüentaria uma regressão ou está muito fragilizada para isso?

Dr. Zeig - Acho que você pode fazer a regressão de duas formas diferentes. Uma, a partir da pressuposição de que esta mulher foi traumatizada, talvez vítima de abuso sexual. Se assim for, no momento em que o trauma aconteceu, teria se instalado um recalque que produziu amnésia desse período. As pessoas que apresentam esse tipo de amnésia e esquecimento, com freqüência, foram vítimas de traumas no passado. Entretanto, algumas vezes, o esquecimento aparece devido à ansiedade, que impede que a pessoa tenha acesso à informação. Poderia ser qualquer uma das opções. Se é devido a um trauma, pode fazer a regressão e tratar como se fosse uma infecção. A terapia teria como meta acabar com o recalque e produzir a catarse e a elaboração desse trauma passado para liberar a velha dor.

Esta é uma técnica de hipnose clássica: voltar com a pessoa até o momento no qual a dor foi produzida, por exemplo, através da amnésia. Dizem ao paciente: "Como percebe o esquecer?". E a pessoa responde: "É verde". É uma associação louca, mas não importa. Então continuam: "Imagine sua vida como uma linha diante de você e preste atenção em todos os pontos verdes... Gostaria que voltasse um pouco no tempo e parasse em alguns desses lugares e me dissesse como são... Depois, pode continuar voltando e olhe se existe alguma situação traumática, que foi reprimida, e que foi onde a amnésia apareceu". Se essa pessoa continua repetindo esse padrão de amnésia é porque talvez tenha acontecido algo quando era pequena, que foi apagado e se converteu em uma repetição compulsiva: cada vez que pressionada, esquece.

Outra possibilidade para fazer uma regressão é utilizar uma técnica como a que Erickson utilizou no caso intitulado *O homem de fevereiro*. Conhecem este caso? É um dos mais famosos e inclusive, existe um livro dedicado a ele (Erickson e Rossi, 1994). Esta técnica está descrita em *Terapia não convencional*, de Jay Haley (1991). Trata-se de uma recriação, com hipnose, da infância da paciente com a inserção de um personagem em sua história, o homem de fevereiro. Erickson regrediu a paciente em diferentes momentos de sua infância, nos quais o homem de fevereiro entrava e assumia com ela a função de pai. Dessa maneira, reconstruiu a história dela. Em programação neurolingüística, trabalham transformando a história pessoal. Essa seria a segunda opção para fazer uma regressão com ela. Inclusive, talvez você possa fazer tudo ao mesmo tempo: dar a ela diretivas que a levem a internalizar um pai-mãe forte; regressões dirigidas também com o objetivo de desenvolver um pai-mãe interno, forte; e outra regressão para descobrir o trauma.

Esta última tem que ser feita com cuidado, pois pode ser muito confusa. Prefiro não usá-la, exceto quando inevitável. Uma vez tive que fazer uma regressão assim em um paciente com múltiplas personalidades, para romper a barreira de amnésia que ele tinha.

Terapeuta 1 - O senhor acredita que as fobias estejam ligadas também a situações traumáticas esquecidas?

Dr. Zeig - Bem, ela está criando uma grande quantidade de ansiedade ligada a objetos diferentes. Talvez possa necessitar de uma interferência médica para ajudá-la a diminuir a ansiedade. Atualmente está tomando algum medicamento?

Terapeuta 1 - Sim, toma antidepressivos e ansiolíticos. Além disso, tem pressão arterial baixa, a concentração de açúcar não é regulada e precisa de pastilha de cafeína, de manhã, para acordar.

Dr. Zeig - Ela não está se cuidando bem, está se pressionando de várias maneiras e não é uma mãe que se ajuda. Você poderia utilizar a ansiedade que acompanha as fobias como porta de entrada e, ao mesmo tempo, usar a hipnose para diminuir o excesso de ansiedade. Isso seria de forma direta ou indireta, utilizando os símbolos ou qualquer outra técnica das quais falamos. Pode ser um bom ponto de partida. Por outro lado, um pouco de ansiedade é bom. É o motor que faz a terapia funcionar. Se não existe um mínimo de ansiedade, não é possível fazer terapia. É muito difícil trabalhar com pacientes narcisistas ou que usam droga porque não têm ansiedade suficiente para querer mudar.

Outra intervenção poderia ser estabelecer uma escala de cem pontos e pedir que ela a utilize para monitorar seu nível de ansiedade. Depois de fazer isso por algum tempo, pode pedir que ela diminua a ansiedade cinco pontos. Diga que não se trata de curar a ansiedade, só diminuí-la cinco pontos. A meta é fazer uma pequena mudança no nível de ansiedade, nada mais.

Caso número 2

Terapeuta 2 - Trata-se de um casal. O marido é quem liga e diz que é urgente. Os dois chegam ao consultório. Ela tem 35 anos, ele 39. Ele é contador público, ela dedica-se ao lar. Têm boa aparência. Parecem muito descontraídos, principalmente o marido. Depois de perguntado sobre o problema, ele responde, com um grande sorriso, que a mulher o trai há cinco anos. Ele descobriu há seis meses e quis tratar de salvar o casamento. Quando pergunto como convivem, respondem que muito bem, que têm um casamento muito ajustado: se dão bem com os filhos e não têm nenhum problema. O que me chama a atenção e me causa estranheza é o fato de ele fazer um pouco de alarde sobre a situação. Disse que gostaria que sua esposa lhe contasse toda sua aventura, mas ela é muito reservada e não quer dizer nada. Ele conhece o nome e todos os dados do amante, porque eram amigos, saíam juntos. Acrescenta que está ansioso para que a mulher lhe peça perdão, mas, como ela é muito reservada, também não quer fazê-lo.

Parece ser um casal que evita conflitos onde o marido é muito controlador. Ele comenta que sua esposa é muito bonita e lhe agrada que ela chame a atenção dos homens. Ela mantém uma atitude reservada, mas não parece sentir-se culpada. Não existe ansiedade ou culpa. Não sei como abordá-los.

Dr. Zeig - Minha primeira idéia foi mandá-los passear de carro por aproximadamente uma hora. Na primeira parte do passeio, o marido deverá dirigir o carro e a esposa deverá sentar-se junto dele no banco da frente. Quando completarem um terço do caminho que vão percorrer, mudam de lugar. Nos próximos vinte minutos, a esposa irá dirigir e o marido sentará no banco de traz e fará um monte de perguntas, que ela não responderá. Ela deverá dirigir esse trecho de uma forma um pouco imprudente, sem que chegue a ser perigoso, mas cometendo, sim, algumas ilegalidades. Por exemplo, não obedecer a alguns sinais de trânsito. Enquanto isso, ele vai perguntar-lhe sobre sua aventura, mas ela não vai responder. Vinte minutos depois, vão parar e decidir quem vai dirigir. Depois, virão para a sessão de terapia e contarão o que decidiram. Esta é uma forma de simbolizar o problema. Trata-se de definir quem está controlando a relação, já que eles não decidiram. Se ela está agindo mal, não está sendo confrontada. Se querem um relacionamento aberto, onde cada um possa ter relação com outros, não tem problema. Talvez, de acordo com seus valores, acredite que eles estão equivocados e que a mulher não deveria fazer isso, mas eu os deixaria tomar suas próprias decisões éticas sobre o que está bem e o que está mal para eles, sem impor minhas crenças. Eu não tenho experiência com casamentos abertos, mas imagino ser possível desde que ambos decidam que está bem. Estou um pouco confuso sem saber qual é o problema. O problema é que ela não fala e não conta para ele os detalhes? Talvez haja alguma outra história neste casal. Talvez ele também tenha saído com outra pessoa e não pode dizê-lo, pois se o fizer, pode gerar um conflito. Ele também não se sentirá no direito de confrontar sua esposa por seu mau comportamento anterior. Mas, seja lá o que for, ela está agora no banco do motorista. Por isso, lhes daria esta tarefa simbólica e deixaria que voltassem com sua solução simbólica. Se você acredita que ele tenha se comportado mal ultimamente, pode pedir a ele que, em seus vinte minutos, também cometa algumas irregularidades. Ou, talvez, que dirija muito, muito devagar ou alguma coisa que possa simbolizar sua participação na relação.

Terapeuta 2 - Penso que no fundo existe um problema de controle, de definir quem controla a relação e, por outro lado, talvez, haja um problema de falta de potência sexual dele, não explícito.

Dr. Zeig – A tarefa simbólica que estou sugerindo cobre as duas possibilidades. Ela é utilizada como o manto do toureiro. O toureiro faz um movimento com seu manto e observa em que direção o touro vai. Se você lhes der esta tarefa e observar seu movimento, como o toureiro observa o touro, poderá ver em qual direção se movem e estará pronta para continuar. Mas eu não os deixaria falar da tarefa, nem analisá-la. Eu pediria que viessem para a próxima sessão e que cada um me desse sua própria visão dela.

Caso número 3

Terapeuta 3 - Trata-se de um executivo de quarenta anos que tem uma colocação muito importante em uma companhia. O motivo da consulta é impotência seletiva. Está no segundo casamento. O primeiro fracassou pelo mesmo motivo. Não pode ter relações sexuais com sua esposa, mas tem relações em aventuras casuais. A meta é que ele possa ter uma vida sexual sadia.

Dr. Zeig - Este homem não tem nenhum problema físico, já que pode ter essas aventuras, de modo que uma possibilidade é reenquadrar seu problema. Dizer a ele que seu desejo pela esposa é tão grande que o paralisa e que, só pouco a pouco, será capaz de sobrepor a paralisia que o desejo causa, e diminuí-la até que lhe permita funcionar corretamente. Depois poderemos trabalhar o efeito ideomotor, que consiste em estimular o pensamento, construir uma realidade interior, que eventualmente se estenderá a um comportamento adequado, positivo. Talvez, se estivéssemos na Itália, saberia como fazê-lo. Você sabia que a Itália está cheia de obeliscos que os romanos trouxeram do Egito? Eu mandaria o paciente sair e observar alguns dos obeliscos, e lhe diria para observá-los de diferentes ângulos e depois se perguntasse como foram construídos. Como essas pessoas da antiguidade puderam construir algo tão reto, alto e que se mantém em pé há tanto tempo? Poderia fazer o mesmo mandando-lhe observar postes de telefone ou pirâmides.

Também é importante trabalhar a função simbólica do problema. O que o problema faz acontecer no sistema? Talvez evite que ele e sua mulher se aproximem demais, ou talvez haja algum medo em relação à gravidez. Não sei, mas me interessaria conhecer o ponto de vista tanto dele quanto dela.

Por outro lado, existem técnicas de terapia sexual muito diretivas aplicáveis a problemas como esse e o índice de êxito que têm com elas, tanto Master e Johnsons quanto Helen Singer Kaplan, é muito alto. Pode consultar a literatura sobre prescrição de sintomas e, por exemplo, durante uma semana, proibir que tenham qualquer tipo de atividade sexual. Na semana seguinte, diga que se toquem, acariciem todo o corpo menos as genitálias. Na terceira semana, peça-lhes que acariciem também as genitálias, mas sem realizar o coito. Proíba-os de consumar a relação sexual, mesmo que ele tenha ereção.

Terapeuta 3 - O problema é que ele não permite que ela o toque. Não se pode fazer nenhum tipo de jogo porque, quando ela se aproxima e o toca, ele se sente eletrocutado por uma corrente elétrica muito forte, que o paralisa.

Dr. Zeig - Outra maneira de pensar simbolicamente é mandá-lo ser incompetente, mandá-lo fazer coisas mal feitas. Por exemplo, se não sabe nada de música, pode sugerir que tenha aulas de música e seja incompetente. Se não sabe nada de futebol, pode mandá-lo jogar futebol e que jogue mal. Trata-se de construir situações em que possa ser incompetente e que, ainda assim, mantenha-se equilibrado. Depois pode usar esses fatos como exemplo: de quando foi a aulas de música e não se saiu bem, mas mesmo assim se manteve em pé, firme; e quando saiu, chutou muito mal a bola, mas se manteve em pé. Se a angústia antecipatória é importante, você pode fazer este tipo de prescrição ou inclusive uma intervenção paradoxal direta, por exemplo: que se imagine tendo relações sexuais com sua esposa e se desempenhando muito mal, tendo a pior relação sexual possível. Que se imagine tirando tudo de perto e quando tira a roupa, cai no chão e torce o braço, que tem a ejaculação mais precoce possível e tudo isso acontece de forma realmente desastrosa. Dessa maneira, está usando o sentido do humor para romper a ansiedade antecipatória. Esta seria uma intervenção paradoxal *a la Viktor Frankl*, na qual continua descrevendo a incompetência sexual até que consiga que ele ria e então, utilize o humor como técnica para cortar a ansiedade antecipatória.

Antes de terminar, gostaria de contar mais dois casos em que Erickson me orientou. O primeiro era um homem que tinha muito medo de se contaminar. Acreditava que, se havia poeira branca sobre qualquer coisa, era para envenená-lo. Uma vez, horrorizou sua família porque viu poeira branca sobre a televisão e nunca mais a tocou. Desenvolveu uma fobia a qualquer coisa onde tivesse visto poeira branca. Por exemplo, nunca se aproximaria de um quadro negro ou apagador, porque sabia que estava envenenado. Obtive uma história concreta e detalhada deste caso, escrevi e levei para Erickson. Descrevi o paciente, contei tudo que estava acontecendo com ele, com muitos detalhes, e esperei por sua orientação. Ele me disse: "Mande-o para o Canadá, melhor ainda, para o norte do Canadá". Eu estava chocado. Pensei que ia ter uma orientação muito significativa. Erickson acrescentou que este homem era potencialmente perigoso, porque poderia tornar-se violento se acreditasse que alguém estava colocando a poeira branca próxima a ele, intencionalmente, para matá-lo. Este foi o único conselho dado por Erickson. Tive que decidir por mim mesmo o que fazer. Fiz terapia em hipnose e disse que seu problema estava consolidado e que teria que seguir a terapia religiosamente. Disse que teria que superar seu problema e que ele perceberia que estava conseguindo, quando de repente se encontrasse caminhando em volta de um objeto que antes acreditava estar contaminado e que talvez até o tocasse. Aí então saberia que a terapia estava funcionando.

Tive outro caso orientado por Erickson, um homem esquizofrênico. Outra vez levei todo o histórico, cheio de detalhes, e pedi a Erickson que me orientasse. Ele me perguntou: “Este homem sabe tocar algum instrumento?”. Respondi: “Sim, ele toca piano”. “Bem, se toca piano, eu lhe diria que aprendesse uma música que estivesse fora do tom. Se a canção começa em Si, que a toque em Lá. Que toque a música deslocando uma nota”. Esta foi a orientação que me deu para este caso. Aprender a tocar a música na mesma escala, mas com uma nota deslocada. Eu meditei muito sobre estes casos e cheguei a conclusão de que partem de um princípio muito bonito. Se vocês têm alguém se comportando loucamente, ensine-o a tocar a música deslocando uma nota, porque para fazê-lo, por implicação, é preciso aprendê-la corretamente antes. Sobre enviar o homem com fobia a poeira branca ao Canadá, como vivo em um deserto, nem sequer encontrei o humor desta intervenção. O que tem no Canadá? Ora, neve, neve branca. Eu estava tão chocado pela intervenção de Erickson que nem sequer entendi o que queria dizer. Se este homem fosse ao norte do Canadá, ficaria imediatamente insensível ao problema porque estar rodeado de neve branca o levaria a sentir-se confortável rodeado de poeira branca. Rodeado de neve, o homem começaria a perceber como era ridículo seu problema.

Bem, terminamos. Quero agradecer à Teresa, Jorge, Cintia, Gerardo, Ethel e a todos os outros integrantes do Instituto que tornaram possível que eu viesse partilhar com vocês e infectá-los um pouquinho com o espírito da psicoterapia ericksoniana. Quero pedir-lhes que quando passarem em frente a um restaurante Mc Donald´s não pensem na idéia de terapia experiencial, evitem o máximo possível pensar em não metacomunicar, e também em criar experiências.

Aplausos

Teresa Robles - Eu quero lhe agradecer, Jeff, por estar aqui, e por tudo que partilhou conosco. Este é um momento importante para o Instituto, é como estar nascendo.

Você, Jeff, trouxe muita chuva fresca que regou a terra em todos nós. Quero agradecer o apoio que tem dado ao Instituto e que continua dando, já que continuam surgindo projetos e mais projetos. Foi um prazer para nós estar aqui com você, estamos certos de que vamos lhe trazer novamente. Nos próximos meses, temos que trabalhar para criar bases sólidas para o Instituto, a Clínica, a Editora, mas, seguramente, no ano que vem teremos você aqui. Muito obrigado de novo, Jeff, a você e a todos os assistentes.

REFERÊNCIAS BIBLIOGRÁFICAS

BANDLER, Richard & GRINDER, John. *Resignificando*: programação neurolingüística e a transformação do significado. São Paulo: Summus, 1986.

BANDLER, Richard & GRINDER, John. *Patterns of the hypnotic techniques of Milton H. Erickson, M.D.* Vol.1. Capitola, CA: Meta Publications, 1975.

ERICKSON, Milton H. The confusion technique in hypnosis. *American Journal of Clinical Hypnosis*. v. 6, n. 3, p. 183-207, jan. 1964. Reimpresso em: ROSSI, Ernest L. (Ed.) *The collected papers of Milton H. Erickson on hypnosis*. New York: Irvington, 1980. v. I, p. 258-291.

ERICKSON, Milton H. (M. D.) & ROSSI, Ernest L (Ph.D.). *O homem de fevereiro*: expandindo a consciência e identidade em hipnoterapia. Campinas: Psy, 1994.

ERICKSON, Milton H.; ROSSI, Ernest L.; ROSSI, Sheila I. *Hypnotic realities*: the induction of clinical hypnosis and forms of indirect suggestions. New York: Irvington, 1976.

GILLIGAN, Stephen G. *Therapeutic trances*: the cooperation principle in ericksonian hypnotherapy. New York: Brunner/Mazel, 1986.

HALEY, Jay. *Terapia não convencional*: as técnicas psiquiátricas de Milton H. Erickson. São Paulo: Summus, 1991.

HALEY, Jay. *Ordeal therapy*. San Francisco: Jossey-Bass, 1984.

HALEY, Jay (Ed.). *Advanced techniques of hypnosis and therapy*: selected papers of Milton H. Erickson. New York: Grune & Stratton, 1967.

LANKTON, Stephen R. & LANKTON, Carol H. *The answer within*: a clinical framework of ericksonian hypnotherapy. New York: Brunner/Mazel, 1983.

O'HANLON, William Hudson. *Raízes profundas:* fundamentos da terapia e da hipnose de Milton Erickson. Campinas: Psy II, 1994.

ROSEN, Sidney. *Minha voz irá contigo*: os contos didáticos de Milton H. Erickson. Campinas: Psy, 1992.

ROSSI, Ernest L. (Ed.). *The collected papers of Milton H. Erickson on Hypnosis*. New York: Irvington, 1980. 4 v.

WATZLAWICK, Paul; WEAKLAND, John; FISCH, Richard. *Mudança*: princípios de formação e resolução de problemas. São Paulo: Cultrix, 1977.

ZEIG, Jeffrey K. *Vivenciando Erickson*: uma apresentação da pessoa humana e do trabalho de Milton H. Erickson, M.D. Campinas: Psy, 1994.

ZEIG, Jeffrey K., Ph. D. (Org.). *Seminários didáticos com Milton H. Erickson (M.D.)*: hipnose, metáforas e comunicação em psicoterapia. Campinas: Psy, 1995.

ZEIG, Jeffrey K., Ph. D. (Ed.). *Ericksonian approaches to hypnosis and psychotherapy*. New York: Brunner/Mazel, 1982.

ZEIG, Jeffrey K., Ph. D. (Ed.). *Ericksonian psychotherapy*: vol.1: structures.. New York: Brunner/Mazel, 1985.

ZEIG, Jeffrey K., Ph. D. (Ed.). *Ericksonian psychotherapy*: vol.2: clinical applications. New York: Brunner/Mazel, 1985.

ZEIG, Jeffrey K. & GEARY, Brent B. (Eds.) *The letters of Milton H. Erickson*. Phoenix, AZ: Zeig, Tucker & Theisen, 2000.

ZEIG, Jeffrey K. & GILLIGAN, Stephen S. (Eds.) *Brief therapy*: myths, methods and metaphors. New York: Brunner/Mazel, 1990.

ZEIG, Jeffrey K. & MUNION, W. Michael (Ed.). *What is psychotherapy?*: contemporary perspectives. San Francisco: Jossey-Bass, 1990.

APÊNDICE 1
EMBRULHO PARA PRESENTE E PROCESSAMENTO

Copyright Jeffrey K. Zeig, Ph.D.

P.I.A. (Preparação, Intervenção e Acompanhamento)
A solução pode aparecer de forma recorrente em qualquer das três etapas.

Etapa I Preparação	**Etapa II** Intervenção Principal (para criar recursos)	**Etapa III** Acompanhamento
Igualar ritmos *(pacing)* Estabelecer rapport Parabenizar a pessoa por sua posição Utilizar confusão para alterar os padrões habituais Eliciar motivação Criar expectativa Semear Intervenção de enquadramento Mover-se em pequenos passos estratégicos Criar um drama Usar hipnose para eliciar responsividade a pistas mínimas Estabelecer um símbolo do problema História de empatia	Sugestão direta Hipnose Sugestão indireta Tarefas/Diretivas Prescrição de sintomas Reenquadramento Deslocamento Ensaio Confusão Metáfora Símbolos Ordália Anedotas/Casos Técnica de entremeamento	Ratificar mudanças Promover amnésia Instruções de processo: Como utilizar os recursos elicidados Testar a terapia -No consultório -Simbolicamente -Ensaiando Tarefas para consolidar e praticar os aprendizados

DESENVOLVIMENTO DA PSICOTERAPIA

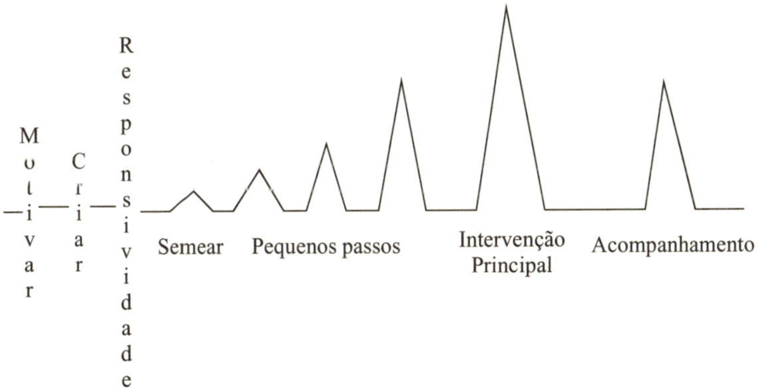

DIAMANTE

NAS PRÓXIMAS PÁGINAS CONHEÇA UM POUCO MAIS SOBRE OUTRAS PUBLICAÇÕES DA EDITORA DIAMANTE

MELHORES PAIS, MELHORES FILHOS

Angela Cota e J. Augusto Mendonça

"*Melhores Pais, Melhores Filhos* é um livro dirigido aos pais onde, através de relatos simples, sobre temas universais, Angela e J. Augusto oferecem aos pais exemplos práticos e dicas úteis para enfrentar situações do dia a dia. - Teresa Robles, México

Há pessoas que querem ser pais. Há pessoas que têm vocação para serem pais. Há pessoas, e são muitas felizmente, que, sozinhas ou unidas, se dispõem a cuidar, a nutrir, a formar, a ajudar a crescer. Essas pessoas se sentem satisfeitas por verem o outro se fazendo feliz. Este livro não é uma obra do acaso. Ele traz uma mensagem universal: o amor. Leia-o. Leia com carinho. Leia com amor. E se disponha também a ajudar. E se disponha a fazer alguma diferença aqui na terra, no nosso planeta, no nosso país, no nosso estado, em nossas cidades, em nossos lares.

COMPREENDENDO A DEPRESSÃO

Michael D. Yapko

Este livro é composto por 75 perguntas que apresentam, em linguagem simples e objetiva, descobertas recentes da pesquisa sobre depressão relacionadas ao cotidiano de todos nós.

Compreendendo a Depressão espera despertar no leitor um entendimento de como a depressão nos afeta para, dessa forma, poder lidar com a própria depressão ou ajudar outras pessoas a lidar com sua depressão.

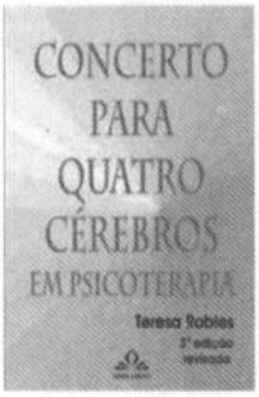

CONCERTO PARA QUATRO CÉREBROS EM PSICOTERAPIA

Teresa Robles

Este é um livro sobre saúde mental, não sobre psicopatologia, que nos ensina a buscar soluções e novas opções para gozar de uma vida plena e frutífera. O método e as técnicas hipnóticas que aprendemos em suas páginas pressupõem uma abertura mental no leitor, um desejo de transcender métodos e técnicas já familiares e freqüentemente usados. É um volume otimista, orientado para a prática clínica, escrito com clareza, calor humano, respeito ao indivíduo e sem as complicações com que muitos autores de psicologia torturam a seus bem-intencionados leitores. É uma obra-prima da abordagem ericksoniana, já tendo sido traduzido para o inglês, o francês e para nossa língua.

GRUPO DE CRESCIMENTO

Teresa Robles

Grupo de Crescimento, o sexto livro da Dra. Teresa Robles em Português, pode ser considerado um pioneiro do trabalho Ericksoniano com grupos. Nele, a genialidade da Dra. Teresa Robles se faz presente, ampliando, avançando dentro do legado de Milton H. Erickson.

A experiência do trabalho com Grupo de Crescimento no Instituto Milton H. Erickson de Belo Horizonte tem alcançado resultados excelentes. Os clientes falam de mudanças muito significativas em suas vidas. Os exercícios trabalham o simbólico, metaforicamente, de forma indireta e as mudanças ocorrem internamente.

AUTO-HIPNOSE

Aprendendo a caminhar pela vida

Teresa Robles

Este livro inicia uma série de MANUAIS DE AUTO-HIPNOSE.

Está escrito para se ler desfrutando, sem esforço. Está escrito para se ler desde a introdução. Já, desde aí, começa a falar coisas que são úteis para você *ir aprendendo a caminhar pela vida*. Mas, você pode, também, começar por qualquer lugar. Ele foi escrito para lhe dar ferramentas seguras e naturais, para que *você viva desfrutando mais cada momento*. De fato, você já conhece essas ferramentas, você as tem usado de alguma maneira, sem sabê-lo. Neste livro, a autora ensina a utilizar as ferramentas, para que você possa fazê-lo quando você necessitar, em sua vida diária.

REVISANDO O PASSADO PARA CONSTRUIR O FUTURO

Teresa Robles

Este é um dos livros da série de MANUAIS DE AUTO-HIPNOSE.

Ele surge de um ensaio autobiográfico, em que Teresa compartilha conosco suas experiências de vida e suas aprendizagens nas várias fases de seu processo de amadurecimento psíquico. Este também é um livro de auto-hipnose que convida o leitor a olhar para dentro de si mesmo, a cada linha, a cada exercício. Os exercícios estão esboçados para colocar você, de maneira eficaz, em contato com seus recursos internos, para abrir portas e encontrar caminhos e, assim, resolver as dificuldades pendentes, saudavelmente, protegidamente.

RESGATANDO A MAGIA DA VIDA
Joyce C. Mills

Uma borboleta não nasce borboleta. Assim como a lagarta aguarda o momento certo para sua transformação, nós também precisamos de um tempo para nos preparar para a mudança. Começamos a nos sentir mais seguros com as aprendizagens e habilidades que temos dentro de nós, dentro do nosso próprio casulo e a transformação interior acontece. Podemos dar aquele salto de fé para mudarmos de emprego, matricular naquele curso que pensávamos faz tempo, iniciar uma nova amizade ou relação, ou fazer uma viagem há muito tempo desejada. Qualquer que seja a ação exterior almejada, estamos prontos para voar com nossas asas de segurança e coragem.

A MAGIA DE NOSSOS DISFARCES
Teresa Robles

Nesse livro, a Dra. Teresa Robles descreve a magia e os limites de nossos disfarces e mostra que o importante não é tanto nos livrarmos deles, mas sermos capazes de mudar de disfarce de acordo com os contextos específicos de cada momento de nossas vidas.
Se a terapia é a experiência que nos ensina a usar disfarces apropriados nas diferentes situações que a vida nos apresenta, o terapeuta deve aprender, ele mesmo, a fazê-lo. Este é um livro que realmente pode ajudar um terapeuta a adquirir a maestria de tal arte.

A MAGIA DA HIPNOSE NA PSICOTERAPIA

J. Augusto Mendonça

Há sempre um pouco de magia no ar quando se fala em hipnose. Mas não é necessário ser um mago para entendercomo aplicar hipnose na psicoterapia. Poder contar com um bom guia pode ser de grande ajuda para os profissionais e estudantes novatos no assunto.

J. Augusto Mendonça é um dos melhores guias que qualquer estudante interessado poderia desejar. Ele é tanto um professor quanto um terapeuta de grande talento. Sua escrita combina precisão e poesia. Você, leitor, será conduzido pelos fundamentos da Hipnoterapia Ericksoniana. Uma vez que tenha compreendido a estrutura teórica, você encontrará metáforas ricas que o ajudarão a experienciar conceitos fundamentais.

Eu o convido a estudar seus conceitos com atenção e cuidado. Eles certamente irão acrescentar magia ao seu trabalho, e ainda mais magia à sua vida

- *Jeffrey K. Zeig*

Diretor de The Milton H. Erickson Foundation

PSICOLOGIA, HIPNOSE E SUBJETIVIDADE

Revisitando a História

Maurício S. Neubern

Como compreender a célebre tradição de hipnotizadores e magnetizadores que deram origem às reflexões sobre uma psicologia científica? Como compreender uma técnica tão antiga quanto a humanidade que efetuou e ainda efetua curas que parecem desafiar os conhecimentos disponíveis? Como explicar a hipnose que parece, a cada passo, romper com as concepções e procedimentos legitimados pelo saber oficial?

Maurício Neubern é um dos maiores estudiosos brasileiros das Histórias da Psicologia e da Hipnose. Em *Psicologia, Hipnose e Subjetividade*, você leitor será conduzido à uma viagem de volta no tempo. Revisitando o momento e o contexto histórico no qual a Psicologia nasce como ciência, Maurício nos leva a questionar a versão oficial que nos foi contada e a perceber que a História da Psicologia e a História da Hipnose têm uma ligação mais estreita e mais forte que poderíamos imaginar.

FAZENDA ESPERANÇA

Histórias que ajudam pequenos e grandes

Cecilia Fabre (ed.)

Quando conheci o livro *Fazenda Esperança, achei que valia a pena ler o livro, pois este poderia ser um instrumento para o trabalho com as crianças que atendo. Além disso, trabalho com grupos de orientação de pais, e sempre é bom encontrar um livro que seja bom para os pais lerem para os filhos, pois essa pode ser uma maneira bastante saudável de interação entre eles. E qual não foi a minha surpresa quando percebi que fui tocada pela leitura. Não sei dizer ao certo quanto e como fui tocada. Mas sei que me emocionei.*

Eu o convido, agora, a ler *Fazenda Esperança. Leia e releia as histórias despreocupadamente, curioso(a) para descobrir o que se transforma em você, deixando que se resolva o que precisa ser resolvido.*

- Angela Cota

HOMENAGEM A ELIZABETH MOORE ERICKSON

Mulher extraordinária, profissional,
esposa, mãe e companheira.
Marilia Baker

Contar histórias é uma arte. Ser transformado por elas é um privilégio. Marília Baker segue com maestria os passos de Elizabeth Moore Erickson e de Milton H. Erickson, ao escrever esta obra. E nos presenteia com um relato que nos remete à nossa própria história, aos nossos sonhos, aos nossos desafios. Uma história de pessoas com valores muito nobres, de esforços e conquistas, de companheirismo e cooperação, com uma visão positiva da vida e uma maneira de encontrar soluções produtivas e inovadoras para os problemas cotidianos, sempre acreditando que se pode aprender muito com essas situações que a vida nos apresenta.

DIAMANTE

Para saber mais sobre nossos títulos e autores ou nos enviar
seus comentários sobre nossos livros entre em contato:
Telefone: (31)2515-6070 – 3296-5299
E-mail: diamante@ericksonbh.com.br

Este livro foi impresso em papel
POLEN BOLD NATURAL 90 grs,
com coloração levemente amarelada
para maior conforto na leitura.
Impresso na Gráfica e Editora Del Rey Ltda.